NOYON — ROYE — LASSIGNY

Aperçu géographique.

La région comprise dans le triangle Compiègne, Noyon, Roye, située à l'extrémité de l'Ile-de-France et aux confins de la plaine picarde, est extrêmement variée et pittoresque.

Au-dessus de la vallée sinueuse de l'Oise, entre Compiègne et Noyon, se dresse, à l'ouest, le massif charmant de la petite Suisse, enchevêtrement de vallons et de collines boisées.

Le bois de Thiescourt s'étend au cœur du massif dominé au centre par la butte de l'Écouvillon, au nord par celle du Plémont. Des promontoires isolés, celui du bois de la Réserve, la montagne de Porquéricourt et, immédiatement au sud de Noyon, le Mont Renaud, se détachent du massif principal. De nombreux ruisseaux descendent de ces collines et coulent dans de frais vallons ombragés. La Divette, le Matz, l'Aronde recueillent leurs eaux et se jettent dans l'Oise.

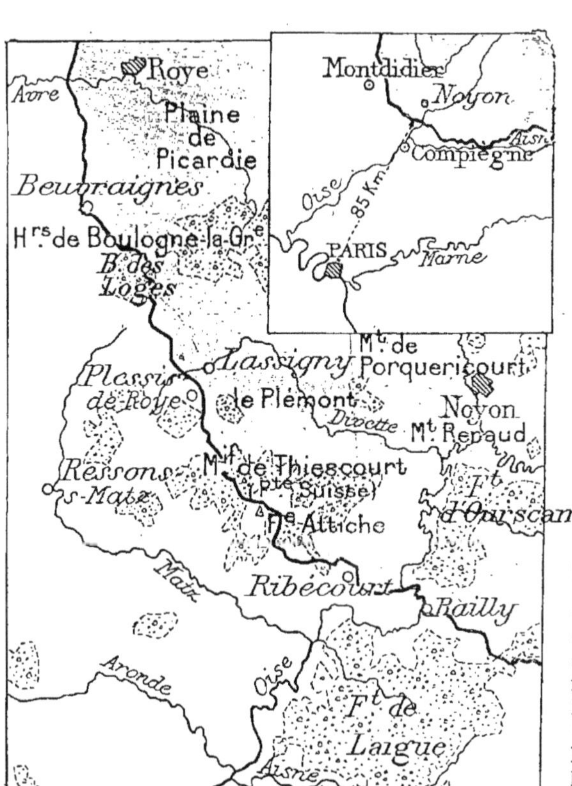

LE MASSIF DE THIESCOURT. — LA PLAINE DE ROYE.
LE FRONT PENDANT LA GUERRE DE POSITIONS
(OCTOBRE 1914 - MARS 1917).

Au nord-ouest de la petite Suisse, s'étendent les plateaux picards, larges et ondulés, que coupe la vallée de l'Avre. La petite Suisse et les plateaux ondulés qui la prolongent à l'est ont été le rempart naturel de l'Ile-de-France. De là son importance stratégique. Le flux et le reflux de la guerre l'ont tour à tour recouvert et découvert.

La course à la mer. — La fixation du front.

A la mi-septembre, après la bataille de la Marne et la poursuite de l'ennemi jusqu'à l'Aisne, l'armée Maunoury, aile gauche de l'armée française, tient la rive droite de l'Aisne et de l'Oise au nord de Compiègne et essaye de déborder, par le massif de la petite Suisse, l'aile droite allemande. La fatigue des hommes, le manque de munitions, le mauvais temps et aussi l'âpre résistance de l'ennemi font échouer cet essai d'enveloppement.

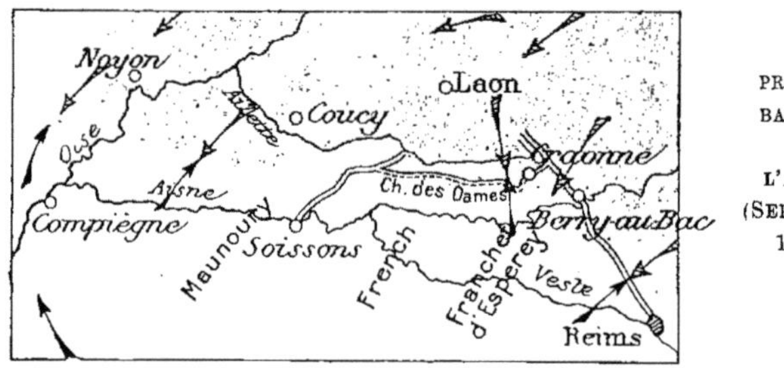

LA PREMIÈRE BATAILLE DE L'AISNE (SEPTEMBRE 1914).

Tandis que la brigade marocaine se bat avec acharnement sur les plateaux au sud de Noyon, le 17, plus à l'ouest, le 13e corps tente, en marchant sur Noyon, de déborder le massif de l'Aisne, mais trop tard; l'ennemi, sentant le péril et renforcé par des corps prélevés sur le front de Lorraine, prolonge, lui aussi, son front, s'oppose à tout débordement. Il passe à l'offensive, en essayant d'envelopper l'aile française.

Le général Joffre y pare ; tout en renforçant l'armée Maunoury, il constitue à l'aile gauche du dispositif allié une masse de manœuvre capable de s'opposer au mouvement débordant de l'ennemi.

La 2e Armée, formée de corps prélevés dans l'Est, est alors constituée sous les ordres du général de Castelnau. Précédée et couverte par des divisions de cavalerie, cette armée peu à peu s'étend jusqu'au sud d'Arras.

Les Allemands dessinent un mouvement parallèle ; les armées adverses, cherchant à s'envelopper mutuellement, prolongent progressivement leur front vers le nord, « courent vers la mer » à la conquête des observatoires et des points d'appui.

Tout en développant sa manœuvre, l'ennemi s'acharne par des attaques continuelles contre la 2e Armée qui tient le front entre l'Oise et Arras. Il a groupé des forces considérables (8 corps d'armée). Il parvient à progresser de 2 kil. à l'ouest de Roye.

Partout ailleurs la 2e Armée maintient son front.

LA COURSE A LA MER.
Précédées de leur cavalerie, les armées adverses cherchent à se déborder et courent vers la mer.

BRUXELLES — LILLE (105 km)

(Carte Michelin de Belgique: Feuille N°1, pli 19)

Sortir de BRUXELLES par la Chaussée de Mons.

(VI) du Plan du Guide et de la Carte Michelin.

PN et pont sur le canal dans Cureghem 2 km 5. Tram sur l'accotement gauche. Veeweide 4 km 5; PN de tram à l'entrée et à la sortie. On laisse à gauche, 1 km plus loin, le Château de Waasbroek. Après le pont sur le Zuen et un PN industriel, on laisse une route à gauche.

Zuen, à droite, 9 km 3. Loth 11 km 2. Coude à gauche puis à droite dans Brucom 13 km 2; peu après la sortie, laisser à gauche la route de Tournappe.

Hal 16 km (Voir Plan du Guide Michelin); traverser la ville par la Chaussée de Bruxelles, à gauche les rues de Bruxelles, de la Boyenne, à gauche les rues Ste-Catherine, du Lundi, à droite la Rue Longue de la Chaussée, puis ne pas franchir la Senne mais tourner à droite dans la rue de Mons; à la sortie PN et fourche; à droite. Hondzocht 19 km 5. Saintes 22 km 6. Bierghes 23 km 6; 2 km 6 plus loin PN suivi d'un coude à droite; après 400 m limite du Hainaut.

Petit-Enghien 28 km. PN à 1800 m et coude à droite. Coude à gauche pour entrer dans:

Enghien 31 km: dans la traversée on laisse l'église à gauche; à la sortie après un PN de tram, fourche; à droite laissant sur la gauche la route de Soignies. Longue ligne droite. Cortembroek 32 km 7. Ghislenghien 43 km. Preuscamp 44 km 1. Meslin l'Evêque 45 km 2. Descente, puis PN, peu avant Lorette 49 km 5, où la route présente un coude à gauche. Sortir d'

Ath 51 km. par la route de Leuze qui coupe à niveau la voie ferrée et tourne à gauche; longue ligne droite. Villers-St-Amand 54 km 8, PN et pont sur la Petite Dendre à la hauteur de Ligne 56 km 6 dont l'agglomération reste à droite. Dans:

Leuze 63 km, à 150 m d'un pont sur l'Hersseau prendre à droite et à l'église tourner à gauche.

T. S. V. P.

Vous ferez préparer **gracieusement**
votre prochain voyage en auto,
en France ou à l'étranger, par le

Bureau de Tourisme
MICHELIN

99, Boulevard Pereire, Paris (XVIIe)

Il vous suffira de lui faire connaître
(10 jours au moins avant votre départ)
les grandes lignes du voyage que vous désirez faire
et vous recevrez gratuitement un Itinéraire détaillé
qui vous conduira

par de bonnes routes

aux bons endroits.

(Voir le spécimen ci-contre)

Vous trouverez dans le Guide routier Michelin les hôtels,
leur confort et leurs prix, les mécaniciens, les curiosités, les plans
de ville, les distances, etc...

NOYON-ROYE
LASSIGNY

MICHELIN & Cⁱᵉ — PROPRIÉTAIRES-ÉDITEURS — CLERMONT-FERRAND

UNE RELÈVE DANS LE BOIS DES LOGES (AVRIL 1916).

La guerre de tranchées.

Dès octobre 1914, le front se cristallise.

Ce sont d'abord, au début, pendant les mois de l'hiver, des tranchées boueuses, des abris sans air, sans lumière, parfois même de simples trous creusés dans le parapet de la tranchée, « les trous de renard », qui souvent s'effondrent. Vagues esquisses de positions improvisées, à peine protégées par des réseaux inachevés de fil de fer ou des chevaux de frise.

Presque au coude à coude, dans la même ligne, les hommes vivent là sous la pluie, sous la neige, sous les bombes et les obus.

Puis les trains, les camions amènent derrière les lignes, pelles, pioches, rondins, rouleaux de fil barbelé, tôles ondulées... Le service des relèves s'organise, le ravitaillement est mieux assuré.

Jour par jour, des kilomètres de boyaux et de tranchées sont creusés et s'échelonnent en profondeur.

La ligne de positions ne subit, jusqu'à 1917, que des modifications insignifiantes et d'importance toute locale. Des tirs de destruction broyent sans cesse les défenses aménagées de part et d'autre sur les hauteurs, dans les vallonnements et massifs forestiers ; elles sont, après chaque tir, aussitôt reconstituées plus solidement encore.

En même temps que ces luttes d'artillerie, des attaques locales, des coups de main, des combats de tranchée à tranchée agitent continuellement la région et en font un des coins les plus mouvementés de l'immense ligne de retranchements allant de la mer aux Vosges.

La forme même du front décrivant de nombreux saillants, sa proxi-

DESTRUCTION D'UN OBSERVATOIRE ALLEMAND INSTALLÉ DANS UN PIGEONNIER, SAILLANT DU BUVIER (SUD-OUEST DE ROYE).
Photographies prises au téléobjectif, celle du milieu un peu plus loin que les deux autres.

mité de Paris, sa situation au sommet de l'angle obtus qu'il dessinait entre Dunkerque et Verdun sont les causes de cette agitation perpétuelle. (*Voir croquis page 2.*)

Le repli allemand de Mars 1917.

L'année 1916 avait été funeste pour les armées allemandes vaincues devant Verdun. Dans la Somme, le choc avait été trop rude pour que les Allemands consentissent à livrer une seconde bataille sur le terrain même de leur défaite, dans des organisations improvisées et précaires.

En mars 1917, les Allemands refusent la bataille et se replient sur leurs nouvelles positions de la ligne Hindenburg. Là, ils comptent contenir les Alliés et, une fois débarrassés des Russes sur le front oriental, reprendre, avec le maximum de leurs forces, la lutte suprême en France.

En retraitant, les Allemands dévastent systématiquement le pays abandonné. (*Voir le Guide :* **Les batailles de la Somme.**)

Toute la région Roye, Lassigny, Noyon est à près de 40 kilomètres des nouvelles lignes. Peu à peu cette région renaît. La 3e Armée (Humbert) colonise ce pays naguère si riche et que l'ennemi a transformé en désert.

Sur ce terrain, en 2 ans — 1915-1917 — les Allemands, avec leur « génie organisateur » n'avaient ensemencé que 2.360 hectares.

En un an à peine — avril 1917-février 1918 — la 3e Armée française, dans le même domaine, mais effroyablement ravagé, avait ensemencé 11.500 hectares et en avait préparé près de 15.000.

Cet effort magnifique va bientôt être compromis.

ARBRES FRUITIERS SCIÉS PAR LES ALLEMANDS AVANT LEUR REPLI.
(*6 kilomètres est de Roye.*)

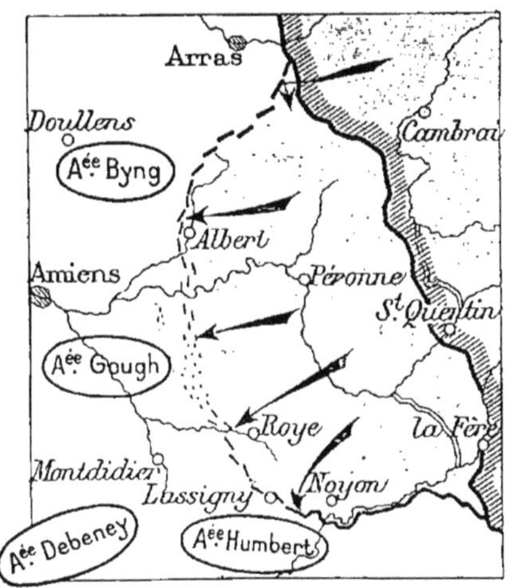

L'OFFENSIVE ALLEMANDE DE MARS 1918.
LA POUSSÉE SUR MONTDIDIER.

L'offensive allemande de 1918.

Voir le Guide :
Les batailles de Picardie.

A la fin de l'année 1917, l'Allemagne veut en finir à tout prix avec les Alliés sur le front occidental avant que l'Amérique soit intervenue.

Le 21 mars 1918, l'offensive suprême des Allemands se déclanche entre l'Oise et la Scarpe sur le front britannique où l'ennemi a accumulé des forces matérielles considérables et concentré de puissants effectifs, mis en place par de savantes marches de nuit.

Dès le premier jour, après un bombardement extrêmement violent, surtout par obus toxiques, qui annihile la défense, la ruée soudaine des 37 divisions de l'armée von Hutier bouscule les dix divisions de la 5e Armée britannique (Gough).

Le 22, à l'ouest de la Fère, le canal Crozat est franchi. Submergés, les éléments britanniques en retraite appuyent au nord-ouest, la ligne de la Somme est perdue; Noyon, Lassigny, Montdidier

LIGNE D'INFANTERIE OÙ FRANÇAIS ET BRITANNIQUES SONT CONFONDUS.
(*Cliché extrait du Guide illustré :* **Les batailles de Picardie.**)

sont découverts; les routes de l'Ile-de-France, vers Compiègne et Paris, menacées.

Les Français arrivent. Il faut à la fois couvrir Paris et Amiens et les masses grises se précipitent toujours vers le sud et l'ouest, menaçant de tout submerger.

Alertées dès le 21 au soir, quelques divisions françaises en réserve, transportées en toute hâte en camions, se jettent en pleine bataille, au fur et à mesure de leur arrivée, sans artillerie, sans attelages souvent sans autres munitions que celles emportées par les hommes.

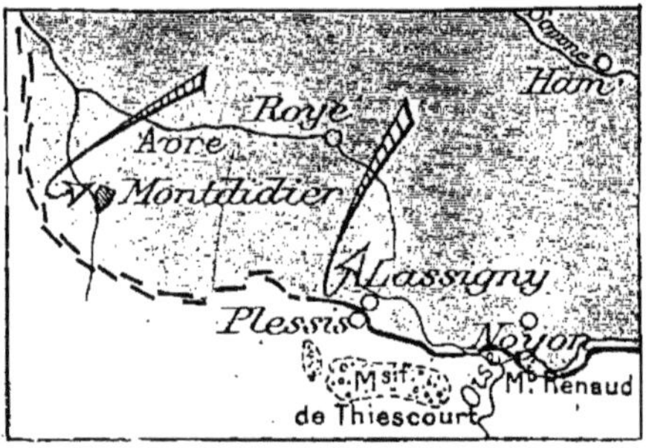

LA RUÉE SE BRISE AU MASSIF DE THIESCOURT ET AU FOND DE LA POCHE DE MONTDIDIER.

Avions, cavaliers, autos-mitrailleuses suppléent à l'infanterie; les groupements Pellé et Robillot formant la 3e Armée (Humbert), tendent leur ligne à la rompre et, sans être assez forts pour barrer le flot ennemi qui s'infiltre par toutes les brèches, ils le ralentissent et permettent à la défense de s'organiser. Le 25, Noyon, débordé par le nord et le nord-ouest, succombe. Le 26, c'est Roye ; le 27, Montdidier.

Le général Pétain lance un vibrant appel à ses soldats.

A Doullens, le général Foch est désigné par les gouvernements alliés pour coordonner les efforts des armées de l'Entente. Une nouvelle armée, la 1re, sous le commandement du général Debeney, s'organise dans la vallée de l'Avre. De Champagne, de Lorraine, d'Alsace, de Flandre même, 20 divisions accourent au combat. D'interminables files de camions roulent jour et nuit sur les routes. Le long de l'Oise, derrière Montdidier, les renforts se groupent et, sans tarder, sont dirigés vers les points les plus menacés.

Le flot d'invasion se heurte maintenant à la barrière solide des divisions de l'armée Humbert accrochées au massif de Thiescourt et au mont Renaud. L'ennemi déferle alors plus fortement vers l'ouest, dépasse Montdidier, mais, là aussi, il est arrêté et même contre-attaqué.

Ramassant ses forces, dans une suprême ruée il veut tout emporter, il fonce à la fois à l'ouest et au sud, mais en vain ; la résistance demeure inébranlable sous ses furieuses attaques. Au mont Renaud, au Plémont, les divisions du général Pellé bravent tous les assauts ; Plessis-de-Roye, perdu, est repris. (*Voir page* 18.)

Au 5 avril, l'ennemi, qui se relance à l'assaut, est définitivement arrêté.

Le nouveau front se stabilise et s'organise.

LES POCHES DE MONTDIDIER ET DE CHATEAU-THIERRY LAISSENT ENTRE ELLES LE SAILLANT DE COMPIÈGNE.

L'attaque allemande du 9 juin.

Du 27 mai au 1er juin, les Allemands, attaquant le front du Chemin des Dames, avaient atteint la Marne, creusant dans les lignes françaises une deuxième poche (*Voir le Guide : **Le Chemin des Dames***). Mais le saillant de Compiègne rend le flanc ouest de cette poche particulièrement vulnérable. L'ennemi doit donc s'aligner sur le front Montdidier, Compiègne, Villers-Cotterets.

Pour aller plus vite, il prépare ouvertement son offensive sur le front Montdidier-Noyon.

Le 9 juin, à minuit, le bombardement, surtout par obus toxiques, commence sur un front d'une quarantaine de kilomètres et sur une profondeur de 10. A 4 h. 30, von Hutier lance, d'Assainvillers, au sud de Montdidier, aux rives de l'Oise, 13 divisions en première ligne; il compte sur la supériorité du nombre, sur la valeur et l'entraînement de ses troupes de choc pour enfoncer le front; comme d'habitude, il engagera ses divisions de soutien sur un point, pour faire poche. Du 10 au 12, 5 divisions nouvelles ayant été amenées, c'est un total de 18 divisions qui foncent sur cet espace restreint. L'objectif immédiat est Compiègne, et l'objectif plus lointain, Estrées-Saint-Denis.

Aux deux ailes, l'attaque, enrayée par les tirs de barrage d'artillerie et la résistance des éléments avancés, progresse très lentement et sur certains points échoue. A droite, au Mont Renaud, l'ennemi est contenu toute la matinée ; la butte du Plémont, défendue par les cuirassiers à pied, n'est enlevée qu'après 14 assauts ; à gauche, l'ennemi ne peut entrer dans Courcelles. Au centre, appuyées par un violent tir d'artillerie et des tanks, les divisions d'assaut de von Hutier emportent les premières lignes et, au prix de pertes énormes, s'enfoncent de 9 kilomètres de profondeur jusqu'au delà de Ressons-sur-Matz. Malgré cette progression rapide, le front de la 3e Armée française n'est nulle part rompu. Devant ce résultat, von Hutier, tout en accentuant sa poussée au centre, en direction d'Estrées-Saint-Denis, cherche à élargir les flancs de la poche ainsi creusée; 3 divisions nouvelles sont jetées dans la bataille.

Le 10, la lutte est très ardente : au centre, l'ennemi atteint la vallée de l'Aronde ; à droite, l'ennemi s'infiltre à travers la petite Suisse jusqu'à Ribécourt. De l'autre côté de l'Oise, la gauche de la 10e Armée, exposée sur son flanc, se replie sur la ligne Bailly, Tracy-le-Val. L'ennemi triomphe et croit déjà tenir Compiègne. Les divisions françaises, qui n'ont cédé qu'au nombre, contre-attaquent résolument et dégagent les bords de l'Aronde jusqu'à Antheuil. A gauche, Courcelles tient bon et Méry est repris. La poche ne peut s'élargir vers l'ouest,

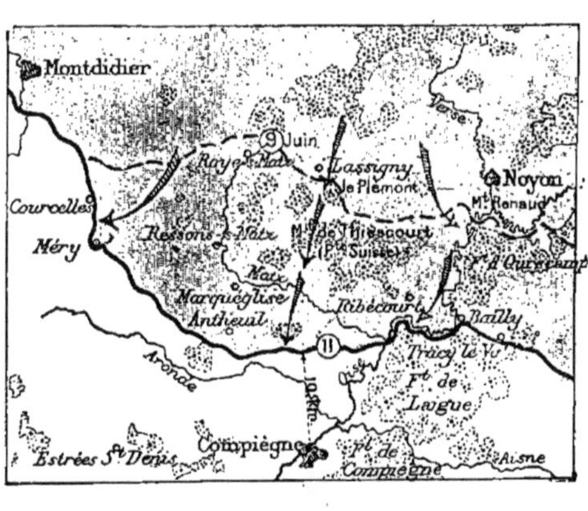

DU 9 AU 11 JUIN, L'ARMÉE VON HUTIER FONCE SUR COMPIÈGNE.

von Hutier veut à tout prix brusquer la décision. Mais l'aile gauche de l'armée Humbert a victorieusement résisté ; l'ennemi, engagé vers l'Aronde et le Matz, prête le flanc.

Le général Fayolle et le général Humbert saisissent l'occasion, décident d'arrêter la ruée et de sauver Compiègne en contre-attaquant l'ennemi vers l'est.

L'attaque est montée rapidement. 4 divisions et quelques chars d'assaut, sous les ordres du général Mangin, se lancent, le 11, dès l'aube, dans une foudroyante riposte, contre le flanc droit ennemi.

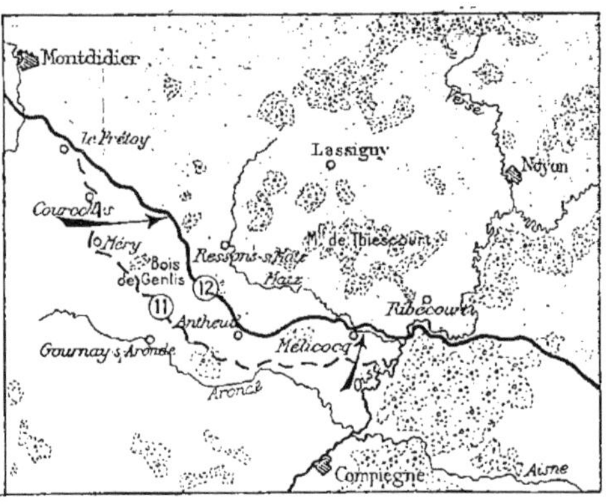

12 Juin. — Contenue de front, contre-attaquée de flanc, l'offensive est bloquée.

Les Allemands, surpris, ébranlés, doivent faire face au péril avec les divisions réservées à l'exploitation du succès de la veille. Malgré une résistance acharnée, la contre-attaque du général Mangin enlève les hauteurs de Courcelles au Frétoy, le bois de Genlis, faisant 1.000 prisonniers et enlevant 16 canons.

De leur côté, au nord de Compiègne, les 53e et 67e divisions rejettent l'ennemi dans le Matz.

L'offensive allemande est bloquée. Le Commandement français décide de ne pas poursuivre cette contre-attaque improvisée ; l'exploitation en eût été difficile. Le nouveau front se stabilise à 10 kilomètres de Compiègne.

Le communiqué allemand du 13 avoue cet insuccès : « *En repoussant*

Des chars d'assaut Saint-Chamond qui appuient la contre-attaque du groupe de divisions Mangin franchissent, le matin de l'attaque, la voie ferrée de Montdidier à Estrées-Saint-Denis.

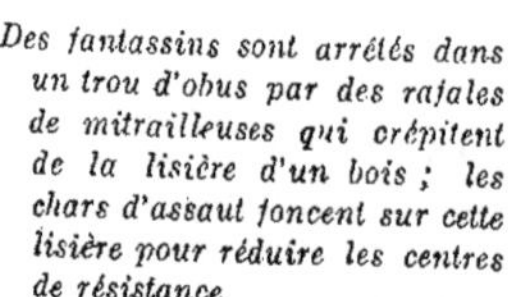

Des fantassins sont arrêtés dans un trou d'obus par des rafales de mitrailleuses qui crépitent de la lisière d'un bois ; les chars d'assaut foncent sur cette lisière pour réduire les centres de résistance.

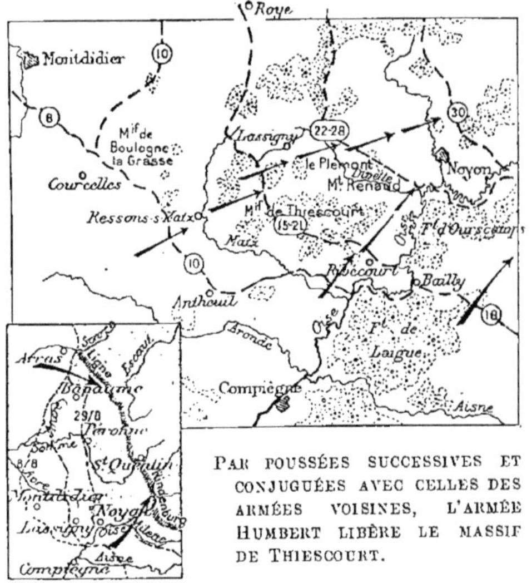

PAR POUSSÉES SUCCESSIVES ET CONJUGUÉES AVEC CELLES DES ARMÉES VOISINES, L'ARMÉE HUMBERT LIBÈRE LE MASSIF DE THIESCOURT.

les contre-attaques de l'ennemi, dit-il, nous avons laissé entre ses mains quelques-uns de nos canons qui avaient été se mettre en batterie jusque dans les premières lignes de l'infanterie. »

La nouvelle bataille de Compiègne est finie. L'ennemi n'a guère pu s'approcher, et au prix de quels sacrifices, qu'à moitié chemin de son objectif. Compiègne lui échappe encore : le général Humbert pouvait dire dans son ordre du jour :

« Si nous avons perdu du terrain, comme il arrive presque fatalement dans la défensive, l'ennemi a perdu la bataille. Il voulait aller à Paris une seconde fois, comme au mois de mars.

« Vous lui avez fait claquer la porte au nez. Il n'ira pas. »

Le dégagement de Compiègne.

Le 15 juillet, les Allemands échouent dans leur dernière grande offensive en Champagne. Le 18, les Alliés reprennent l'initiative des opérations. Du 18 juillet au 4 août la poche de Château-Thierry est réduite.

Le 10 août, dans la matinée, lendemain du jour où la 1re Armée du général Debeney libérait Montdidier, Humbert attaque à son tour sur le front de Courcelles à l'Oise. L'ennemi, qui s'attendait à l'attaque, avait augmenté son échelonnement et reporté pendant la nuit ses gros sur la ligne de résistance au nord du Matz. Du premier bond, le 34e corps, bousculant les détachements qui couvraient le gros de l'ennemi, avance de plusieurs kilomètres, surtout à l'aile gauche. Ressons-sur-Matz est dépassé, le massif de Boulogne-la-Grasse est pris. Le 11, malgré les difficultés d'un terrain boisé et accidenté, malgré la vive réaction de l'ennemi soutenu par une puissante artillerie, l'armée Humbert continue d'avancer. Le massif de Thiescourt est en partie reconquis. En deux jours, la 3e Armée a fait plus de 2.000 prisonniers, pris 30 canons.

Du 12 au 15, l'armée Humbert pénètre plus avant dans le massif de Thiescourt, approche de Lassigny et menace Noyon.

Profitant de la progression de l'armée Mangin qui, à droite, par une attaque foudroyante, avait, du 18 au 20, bousculé l'ennemi l'armée Humbert reprend violemment l'offensive le 21. Elle dépasse le massif de Thiescourt et arrive sur les pentes nord du Plémont. Le 22, la Divette est franchie, tandis que Lassigny, précipitamment abandonné, est occupé.

Attaquées en même temps entre la Somme et la Scarpe par les armées britanniques et entre l'Oise et l'Aisne par l'armée Mangin, les armées de von Marwitz et de von Hutier, menacées sur leurs flancs, se replient sur leurs positions Hindenburg, protégées par de fortes arrière-gardes. Le 29, l'armée Humbert s'empare de Noyon.

L'armée Humbert continue sa poussée vers l'est, talonnant vivement les arrière-gardes ennemies. Elle refoule les divisions épuisées de von Hutier dans leurs positions Hindenburg soi-disant imprenables, d'où elles s'étaient élancées le 21 mars ayant tant d'espoir et dont l'assaut concentrique de 5 armées franco-britanniques ne tarderont pas à les chasser. (*Voir le Guide :* **La Ligne Hindenburg.**)

VISITE DES CHAMPS DE BATAILLE

I. — DE COMPIÈGNE A LASSIGNY (1) par Ribécourt, Dreslincourt, Thiescourt : 30 km.

II. — DE LASSIGNY A NOYON (2 itinéraires) :
   1º par Dives, Labroye (itinéraire direct) : 13 km. ;
   2º par Beuvraignes, Tilloloy, Roye : 36 km.

III. — DE NOYON A COMPIÈGNE, par Chiry-Ourscamp, Ourscamp, Carlepont, Tracy-le-Val, forêt de Laigue : 34 km.

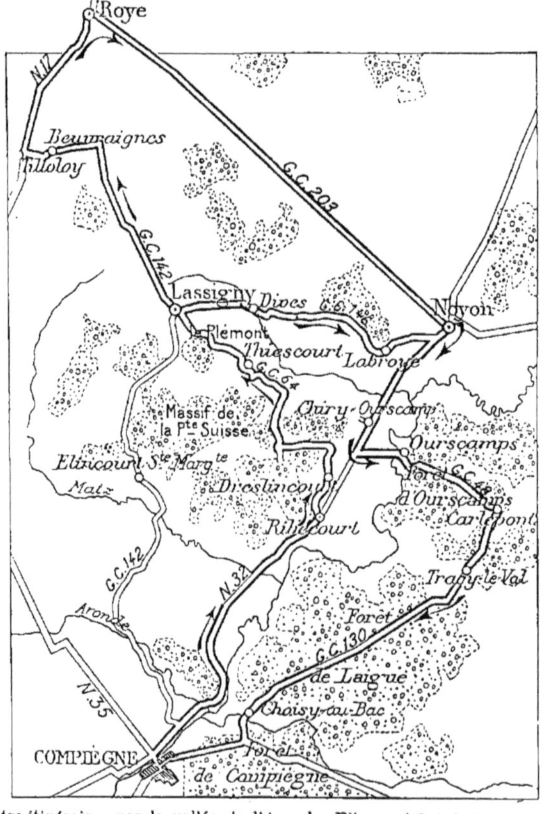

Les routes des itinéraires sont tracées en traits renforcés.

(1) Un autre itinéraire, par la vallée de l'Aronde, Elincourt-Sainte-Marguerite, le plateau de Saint-Claude *est décrit dans le Guide :* **Les batailles de Picardie.**

DE COMPIÈGNE A LASSIGNY

Par Ribécourt, Dreslincourt, la ferme Attiche, Cannectancourt, Thiescourt.

*Quitter **Compiègne** par la rue d'Amiens pour suivre la N. 32.*

*La route longe la voie ferrée jusqu'à **Clairoix** où elle franchit l'Aronde et contourne le mont Ganelon. Avant de dépasser **Thourotte** sur la droite, on entre dans la région d'avance extrême des Allemands sur Compiègne, le 10 juin 1918. On arrive à **Ribécourt**.*

RIBÉCOURT

C'était avant la guerre un coquet village dominé à l'ouest par un coteau de 113 mètres dit « butte d'Antoval » et bâti dans la vallée marécageuse de l'Oise.

Obligés après leur défaite sur la Marne d'évacuer Compiègne, les Allemands réussirent à arrêter la poursuite à Ribécourt. Après de durs combats, le village resta aux mains des Français ; leur première ligne de tranchées s'établit aux dernières maisons du bourg vers Noyon ; 100 mètres plus loin commençaient les retranchements ennemis. D'octobre 1914 à mars 1917, sur les mêmes positions, Français et Allemands montèrent une garde particulièrement vigilante dans ce secteur qui était, pour les deux adversaires, d'une importance capitale : c'était, en effet, le point où les lignes, formant une pointe dans la trouée de l'Oise, étaient le plus rapprochées de Paris.

Le village de Ribécourt fut transformé en forteresse, sillonné en tous sens de boyaux, flanqué au débouché des chemins de points d'appui et de barricades, entouré de toutes parts par des réseaux épais de barbelés.

A l'ouest, les Français avaient réussi à conserver la butte d'Antoval, merveilleux observatoire d'artillerie, qui leur assura des vues sur toute la vallée de l'Oise jusqu'au delà de Noyon.

A l'est, ils étaient retranchés au nord de la station du chemin de fer, puis dans les bâtiments aujourd'hui ruinés de la ferme de Saussoy, entre la N. 32 et le canal latéral de l'Oise. Puis les premières lignes

UN BOYAU DANS UNE RUE DE RIBÉCOURT EN 1916.

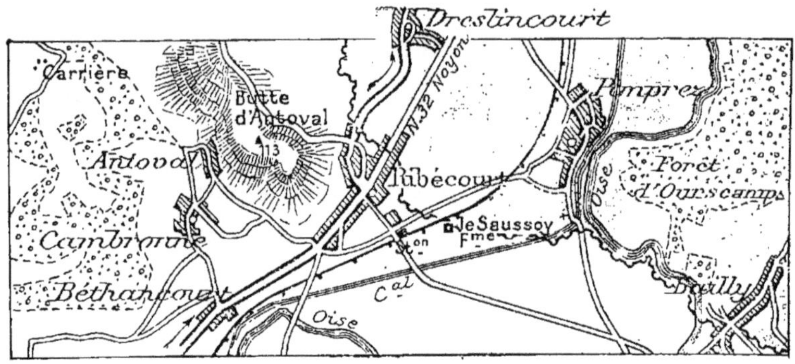

CRISTALLISATION DU FRONT DEVANT RIBÉCOURT (OCT. 1914 - MARS 1917).
La route de l'itinéraire est tracée en traits renforcés.

gagnaient, par le sud de Pimprez (aux Allemands) et les bords de l'Oise, le village de Bailly.

Le recul allemand de mars 1917 reporta le front de tranchées bien loin de Ribécourt. Le village commençait à reprendre vie quand, en 1918, le flot allemand déferla de nouveau dans la région. A la fin de mars il fut à portée des canons ennemis. Tandis que la bataille faisait rage sur le mont Renaud, le poste de commandement du général Pellé y fut installé dans la première villa à gauche en arrivant dans le village. Le 10 juin, les troupes impériales, marchant sur Compiègne, s'emparèrent de Ribécourt et s'avancèrent même au delà jusqu'à Cambronne et Machemont. Deux mois après, Ribécourt était délivré.

A deux reprises consécutives, Ribécourt, à la limite des positions adverses, se trouva ainsi maintes fois bombardé.

L'église (*photo ci-dessous*), reconstruite au XVIIIe siècle, mais qui conservait des détails de l'église primitive des XIIIe et XIVe siècles, forme une ruine imposante. Elle a été surtout éprouvée en 1918.

La façade n'existe plus. Les parties hautes de la nef sont presque totalement détruites. Seul, le chœur montre encore en partie son ossature criblée de trous d'obus.

En face de l'église de Ribécourt, on prendra sur la gauche le G. C. 57 (voir croquis ci-dessus) que l'on suivra sur une centaine d mètres, puis l'on tournera à droite par la rue de Marlou que l'on suivra sur quelque cent mètres jusqu'à un carrefour de quatre routes, où l'on tournera à droite pour arriver à **Dreslincourt** (*2 kil.*).

RIBÉCOURT. — L'ÉGLISE EN 1919.

DRESLINCOURT :
ENTRÉE D'UN BLOCKHAUS
ALLEMAND
POUR MITRAILLEUSES.

LE MÊME BLOCKHAUS, VUE EXTÉRIEURE ; A DROITE, L'ÉGLISE.

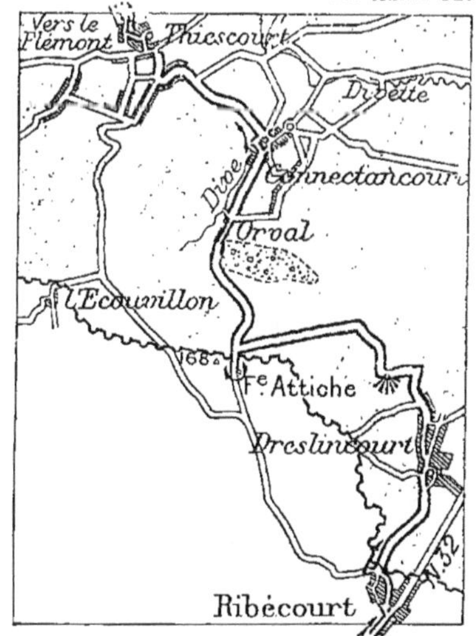

ITINÉRAIRE DE RIBÉCOURT A THIESCOURT.
Le front français de 1914 à 1917, à travers la
« Petite Suisse », suite ininterrompue de
vallonnements, de ravins, de bois très fav o-
rables à l'organisation défensive.

Dans **Dreslincourt** on voit
encore quelques vestiges des
anciennes organisations; au sud
de l'église, notamment, avait été
édifié, en béton, un important
abri pour mitrailleuses.

De l'église, des XIIe et XVIe siècles, se dressent encore quelques
pans de murailles, quelques
arcades croulantes, quelques
contreforts.

*On dépasse l'église en suivant
tout droit, et peu après on longe
le mur du parc du château.*

Le château a été, après pillage,
incendié ; le parc a été dévasté.

*Continuer à suivre tout droit et
tourner à gauche à la première
bifurcation rencontrée après avoir
dépassé le château. La route passe
près d'un calvaire à gauche et
s'élève vers le plateau de la
Cote 141. Dans la montée, très*

FERME D'ATTICHE. — LA COUR ET LA MARE.

belle vue sur Dreslincourt, Ribécourt et la vallée de l'Oise. La route traverse ensuite le plateau de la Cote 141, parmi les bois hachés, et arrive à l'extrémité ouest du plateau où on rejoint la route Ribécourt-Cannectancourt (G. C. 57). A cet endroit, tourner à gauche et suivre le G. C. 57 sur 300 mètres environ jusqu'à la **Ferme d'Attiche** *(4 km. de Dreslincourt) que l'on aperçoit sur une crête à droite, à une cinquantaine de mètres de la route.*

La ferme d'Attiche, près de laquelle se trouve la Cote 168, position dominante de toute la partie sud du massif de Thiescourt, resta en 1914, après de violents combats, entre les mains des Français dont les lignes formaient en ce point un saillant presque à angle droit vers les lignes allemandes. A différentes reprises, les Allemands cherchèrent à réduire ce saillant ; tous leurs efforts furent vains et sanglants. Jusqu'en 1917, les Français demeurèrent en possession de cet observatoire important qui, avec celui de la butte d'Antoval, leur permit d'avoir cons-

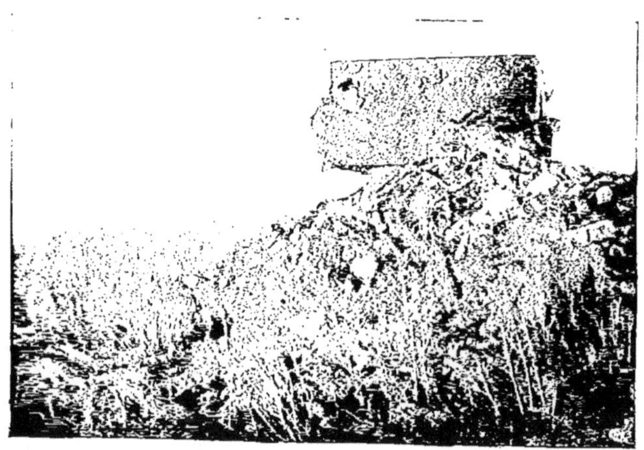

LE RÉSERVOIR DE LA FERME D'ATTICHE.

Bois d'Orval : *Abris d'officiers allemands en 1917, recouverts d'écorce.*

Ce qu'il en restait après les batailles et la retraite allemande d'août 1918.

tamment vue sur la vallée de l'Oise et sur les positions ennemies de Ribécourt à Noyon et de Noyon à Thiescourt.

Les bâtiments de la ferme d'Attiche et ses dépendances furent parcourus par plusieurs lignes de tranchées très fortement organisées. Mais les combats livrés en 1918 dans cette région, de nouveau âprement disputée, ont complètement anéanti les anciennes défenses.

Tout a disparu, et le mamelon qui portait la ferme a été lui-même entièrement bouleversé.

Après avoir effectué la visite de la ferme d'Attiche, revenir sur ses pas par le G. C. 57 en laissant à droite la route suivie précédemment en venant de Dreslincourt et continuer tout droit. Le G. C. 57 descend la vallée de la Dive en laissant le ruisseau sur la gauche.

On voit les vestiges de nombreuses organisations allemandes et d'abris de 2ᵉ ligne construits sur les pentes boisées, aujourd'hui déchiquetées, ou au fond des ravins.

*On traverse ensuite le village d'***Orval*** à peu près détruit, et, après une descente, on arrive à ***Cannectancourt***, village à demi ruiné.*

Bois d'Orval : *Un casino d'officiers allemands en 1917.*

Le même, détruit par les Allemands après leur retraite d'août 1918.

CANNECTANCOURT.

Intérieur de l'église

THIESCOURT.

*Son église possédait
un chœur et une
nef du XIIIe siècle
aux grandes et belles
proportions.
Façade sud-ouest
en 1919.*

THIESCOURT.

*Ancienne résidence
en 1917
d'un colonel allemand,
détruite à la mine
en août 1918.*

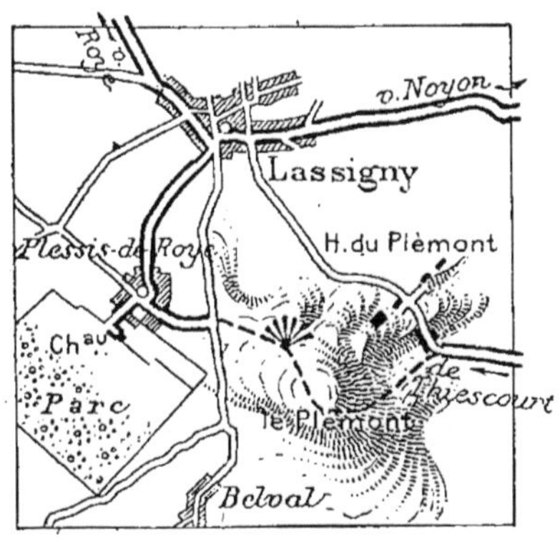

LASSIGNY.

LE PLÉMONT.
PLESSIS-DE-ROYE.

Après avoir débouché de Thiescourt sur Lassigny on aperçoit, à gauche, une butte couronnée d'un bois et dominant toute la plaine. C'est le Plémont.

Traverser à pied du Plémont a Plessis-de-Roye où la voiture ira attendre, par Lassigny (on peut aussi gagner Plessis-de-Roye en voiture par Lassigny et, de là, gravir la butte du Plémont).

S'arrêter aux premières ruines du hameau du **Plémont**, *2 km. après le village. S'engager par un sentier le long d'un ravinement; à gauche une chapelle et un petit cimetière édifiés par les Allemands.*

Du sentier, se détache, à droite, une allée qui monte et pénètre dans le bois qui couvre le sommet de la butte; la suivre. Vers le sommet du massif, carrières encore percées de nombreux abris; le plateau est sillonné de boyaux et de tranchées; les arbres, de plus en plus rares, apparaissent déchiquetés.

Sur le rebord nord-ouest du plateau, près de nombreux abris et observatoires bétonnés détruits en partie par le bombardement, on découvre alors le panorama. (Voir pages 20-21.)

CIMETIÈRE ALLEMAND DU PLÉMONT.
La grande tombe est celle de deux aviateurs français tombés en mars 1917.
Au fond, derrière les arbres, on aperçoit la chapelle rustique du cimetière.

SUR LE REBORD NORD-OUEST DU PLÉMONT.
Un des blockhaus allemands. Au delà, Plessis-de-Roye ; à l'horizon, la plaine de Roye.

Le front se fixe sur le Plémont (Septembre 1914).

A la fin de septembre 1914 se déroulent dans la région de Lassigny de violents combats au cours desquels Lassigny, enlevé le 22 septembre par la 4ᵉ brigade marocaine, est repris par les Allemands. C'est de cette région que commença le fameux mouvement stratégique qui porta les armées adverses vers le Nord et la mer.

Le front des adversaires se stabilise. Les lignes françaises, descendant du plateau du bois de Thiescourt, passent au pied de la butte du Plémont, le long de la route d'Élincourt à Lassigny, coupent cette route au delà de la Porte Rouge, englobent le village de Plessis-de-Roye et s'allongent vers Canny-sur-Matz et le bois des Loges.

Le mamelon du Plémont, au sommet calcaire et découpé, aux pentes sablonneuses et boisées, reste aux mains des Allemands.

Il leur assure des vues sur tout le front français, entre Plessis-de-Roye et Canny-sur-Matz. D'immenses travaux de fortifications sont exécutés ; au sommet, un puissant réduit entouré de fortins bétonnés est édifié. De multiples abris sont en même temps établis pour loger les troupes du secteur. Creusés à une grande profondeur, ils peuvent résister aux plus violents bombardements ; vastes et confortables, ils comportent des installations électriques, des cuisines séparées, même des puits, ils sont garnis de meubles, tables, chaises, glaces... volés dans les villages voisins.

Ces organisations, conservées en 1917 telles que les Allemands les avaient abandonnées, ont été ruinées par les combats de l'année suivante.

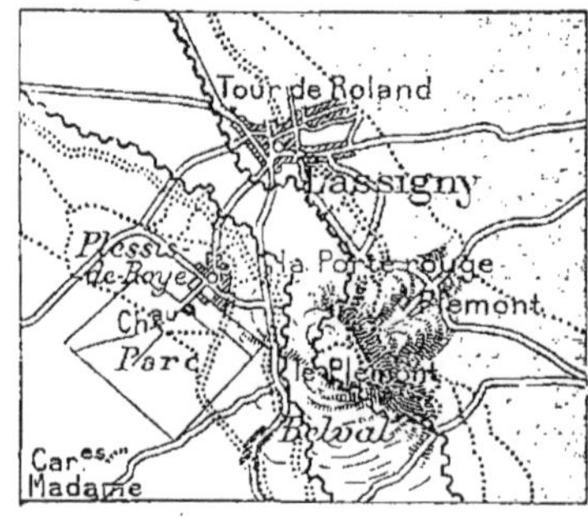

LES LIGNES ADVERSES DE SEPTEMBRE 1914
A MARS 1917.

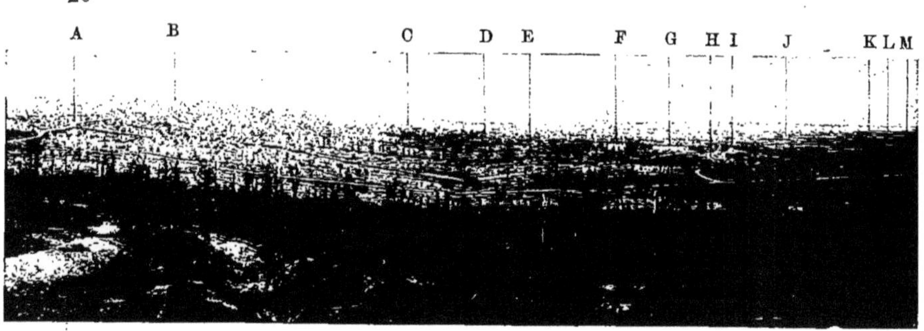

PANORAMA PRIS DU PLÉMONT

A. *Route de Lassigny à Élincourt.* — B. *Bois de la Réserve.* — C. *Gury.* — D. *Parc du château de Plessis-de-Roye.* — E. *Mur du parc.* — F. *Le château.* — G. *Ferme neuve du château.* — H. *Route de Plessis.* — I. *Église.* — J. *Cote 78.* — K. *Canny-sur-Matz.* — L. *Bois des Loges.* — M. *Porte Rouge.*

Les Allemands se replient et évacuent la région.

Se retirant dans leurs positions de la ligne Hindenburg, les Allemands évacuent toute la région le 18 mars 1917.

Aussitôt les habitants de Lassigny, de Plessis-de-Royc reviennent nombreux au pays ; ils se réinstallent dans les ruines ou dans des habitations provisoires en bois et ils s'empressent de réparer les quelques maisons habitables, de rendre à la culture quelques parcelles de champs. Plessis-de-Roye, Lassigny reprennent une apparence de vie ; une mairie, une école sont installées dans des baraquements.

Un an après. Le retour des Allemands.

Subitement, et en toute hâte, les habitants doivent, en mars 1918, reprendre le chemin de l'exil.

Le 21 mars, les Allemands ont enfoncé le front britannique. Le flot envahisseur se répand vers l'ouest.

Le 25 mars, l'ennemi est entré à Noyon qui brûle. Les 9e et 10e divisions et des éléments britanniques de la 5e Armée tiennent la montagne de Porquéricourt, puis la croupe du bois de la Réserve, mais ces troupes sont épuisées ; à gauche, la 62e division, à bout d'efforts, démesurément étirée, vient de perdre la montagne de Lagny ; plus à gauche, la 22e est hors d'état ; l'armée Humbert perd sa liaison avec l'armée anglaise ; l'ennemi progresse dans toute la plaine de Roye.

En avant de la route de Paris, en avant du cœur de la France, il n'y a plus qu'un obstacle : le Plémont et le massif de la petite Suisse. Or, les 9e et 10e divisions qui, depuis cinq jours, luttent jour et nuit contre le flot ennemi, ne sont plus assez vigoureuses pour faire tête sur le dernier rempart.

Les 77e et 53e divisions (d'Ambly et Guillemin), en réserve aux environs d'Épernay, sont alertées. Par Compiègne, les convois de camions déversent bientôt les bataillons de chasseurs et de fantassins derrière la petite Suisse.

Le 159e R. I., 2e bataillon, a la garde du Plémont ; à droite jusqu'à la vallée de l'Oise s'étendent les 59e, 60e, 61e bataillons de

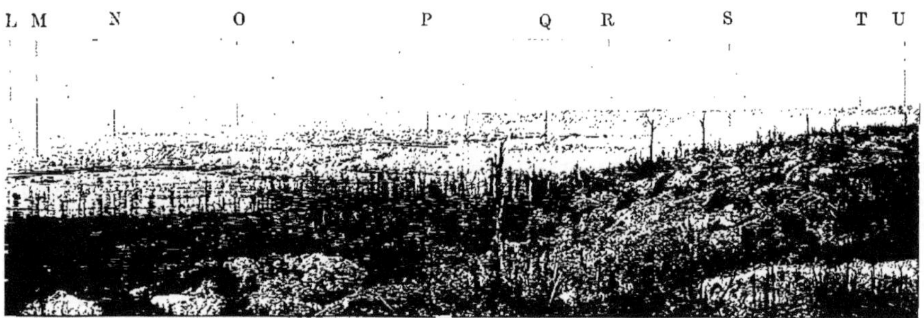

SUR PLESSIS-DE-ROYE ET LASSIGNY.

L. *Bois des Loges.* — M. *Porte Rouge.* — N. *Route de Lassigny à Élincourt.* — O. *Route de l'assigny à Roye.* — P. *Lassigny.* — Q. *Route de Lassigny à Thiescourt.* — R. *Montagne de Lagny.* — S. *Vallée de la Divette.* — T. *Cote 125.* — U. *Bois de la Réserve.*

chasseurs ; le 97e régiment est à gauche du Plémont, dans le village, le parc et le château de Plessis-de-Roye, en liaison avec le fameux régiment colonial du Maroc qui défend Canny-sur-Matz. Enfin, dans les bois de la Réserve se tiennent des bataillons du 236e R. I.

L'ennemi se heurte au nouveau front intact. Il comprend qu'il ne peut emporter facilement ce dernier rempart ; jusqu'au 29 mars ses réserves affluent et convergent vers Lassigny.

3 divisions fraîches, dont une de la Garde, se massent dans le secteur de Lassigny.

L'ennemi veut emporter le Plémont et Plessis-de-Roye pour gagner la vallée du Matz par laquelle il tournera toute la défense du massif de la petite Suisse.

L'assaut du 30 mars 1918.

Le 30 mars, à 6 heures, l'ennemi intensifie son tir ; à 7 heures et demie, les observateurs du Plémont voient s'avancer dans les prés et les vergers, au sud de Lassigny, les vagues successives des assaillants précédées de mitrailleurs espacés de 5 à 10 pas qui tirent sans arrêt. Derrière les vagues, les renforts et les réserves suivent en lignes de petites colonnes. (*Croquis 1.*)

Les premières vagues, prises sous le feu des canons et des mitrailleuses de la défense, subissent de lourdes pertes ; il en surgit d'autres qui progressent en enjambant les corps de leurs camarades. Des petits groupes, rampant dans la boue, s'infiltrent par les boyaux à l'ouest du village, frayant la route aux petites colonnes qui se répandent bientôt dans Plessis-de-Roye. Sur la route d'Élincourt à la Porte Rouge, la 7e compagnie du 97e, complètement encerclée par des forces très supérieures, tient pendant plus de quatre heures jusqu'à complet épuisement de ses munitions.

Le flot ennemi, qui a submergé toutes les défenses du village, foisonne dans le parc du château de Plessis dont les taillis le protègent contre les mitrailleuses ; fantassins et sapeurs

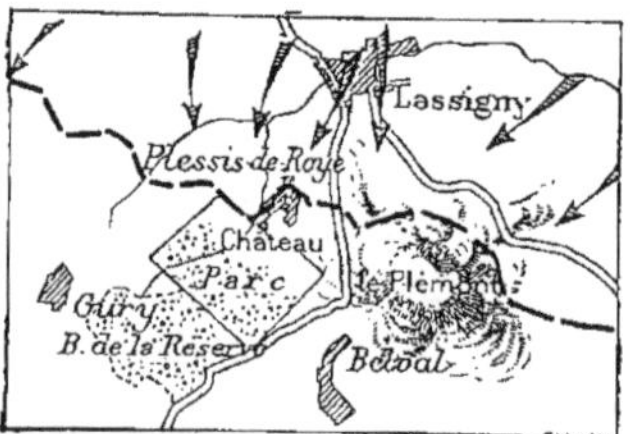

Croquis 1.

du génie se battent en corps à corps dans le parc où le colonel du 97e est tué devant son poste de commandement.

Un capitaine d'artillerie, observateur, juché dans un chêne du bois de la Réserve, se rend compte du danger de l'infiltration ennemie dans ce bois ; fusils-mitrailleurs et mitrailleuses du 97e et du 236e forment bientôt un barrage solide qui maintient l'ennemi en cage derrière les murs du parc.

Au Plémont, les pentes nord sont assaillies en même temps, l'attaque est surtout violente sur les pentes face au village, le long de la route d'Élincourt. Des groupes ennemis, par l'ouest, se glissent vers l'observatoire et le poste de commandement du sommet. Le commandant du Plémont en comprend l'extrême danger ; mais tout son bataillon est engagé. Il rassemble alors sa liaison. Coureurs, signaleurs, en tout une vingtaine d'hommes, se replient légèrement, puis foncent sur les assaillants ; l'ennemi, surpris, fait demi-tour, on lui tire dans le dos, le rebord du plateau est dégagé. Il est midi, le Plémont a résisté. (*Croquis 2.*)

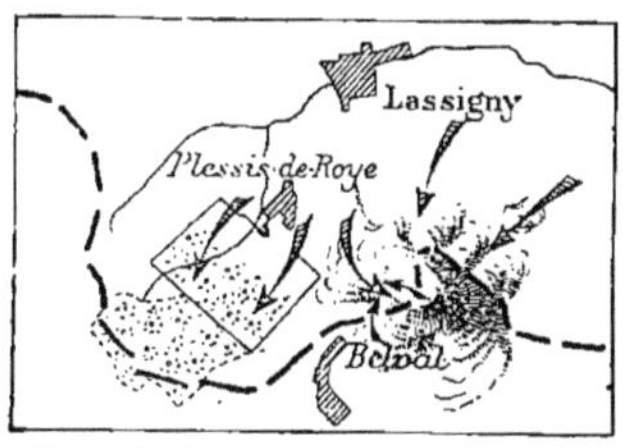

Croquis 2.

La contre-attaque.

Mais l'ennemi tient le parc du château de Plessis-de-Roye, excellente base de départ pour une progression vers le Matz à travers le bois de la Réserve.

Dès midi, une contre-attaque sur le saillant ennemi est conçue.

Pendant l'après-midi, l'artillerie, ravitaillée par une seule section automobile, interdit les sorties du parc et interdit aux Allemands de s'y fortifier.

Les dernières réserves du régiment colonial du Maroc reçoivent l'ordre de contre-attaquer par l'ouest sur Plessis-de-Roye, tandis que le 56e bataillon de chasseurs attaquerait le village à l'est par la Porte Rouge. (*Croquis 3.*)

Contre-attaque difficile s'il en fut; le bataillon d'attaque du régiment colonial, formé d'éléments divers, manque d'homogénéité (2 compagnies et 2 sections de mitrailleuses prises dans tout le régiment et 1 compagnie du 236e) ; 500 hommes environ contre 1.500 ennemis grisés du succès du matin et tenant un puissant point d'appui. Le bataillon devra progresser, à l'abri des rafales de mitrailleuses, dans le vallonnement marécageux du ruisseau du pré de Vienne, puis se rabattre ensuite à angle droit sur Plessis-de-Roye ; manœuvre bien délicate sous le feu, à la merci d'un rassemblement ennemi prêt à la riposte.

La hardiesse et la rapidité sont les facteurs essentiels du succès.

A 16 heures, le bataillon est en place dans les petits bois au sud-ouest du Plessis. A 17 h. 30 il débouche, précédé d'un rideau de mitraille qui balaye le terrain devant lui tandis que d'autres rafales écrasent les lisières du parc du Plessis.

La bataillon formé en losange, chas-

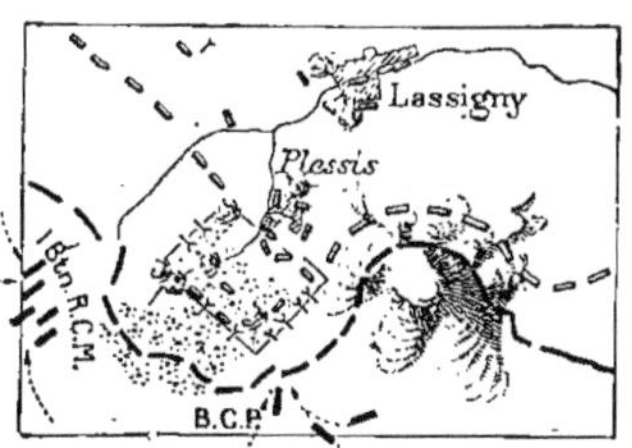

Croquis 3.

sant ou capturant les quelques groupes ennemis installés devant lui dans des trous d'obus, atteint, 12 minutes après le départ, la route Canny-Plessis. L'ennemi, surpris, se ressaisit, des mitrailleuses crépitent dans le parc et le village, la compagnie du 236e est clouée sur la crête face aux lisières ouest du parc. (*Croquis* 4.)

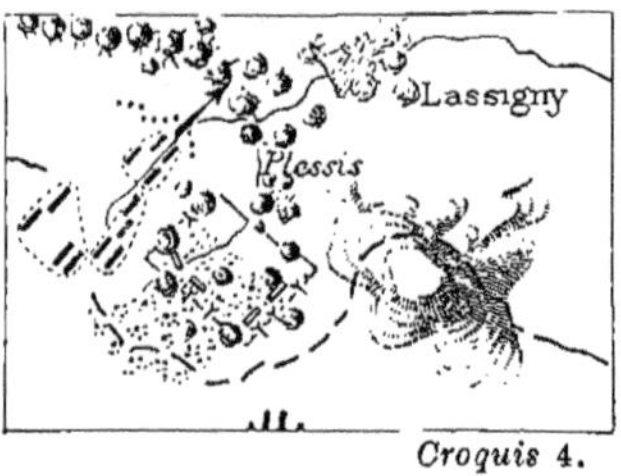

Au geste du commandant, comme à la manœuvre, le changement de direction s'opère dans un ordre impeccable. (*Croquis* 5.)

Une clameur roule : « En avant ! » C'est l'assaut, c'est la ruée ; les marsouins foncent droit devant eux, c'est la poursuite de l'adversaire qui s'enfuit de toutes parts, ou se rend. Les prisonniers affluent, pas d'hommes pour les conduire, le commandant leur désigne le chemin ; les Allemands, prostrés, s'empressent d'obéir.

Croquis 4.

Un marsouin isolé tombe au milieu d'une grosse patrouille ennemie, il essuie plusieurs coups de feu. Hurlant, il se précipite sur ses adversaires, baïonnette haute ; pris de peur, les Allemands détalent ; il les poursuit. Paralysés par l'épouvante, les ennemis s'arrêtent. Notre homme ramène dix prisonniers.

De Lassigny, l'ennemi peut descendre ; le commandant engage ses signaleurs et agents de liaison qui feront face à la riposte ennemie.

17 h. 50, les objectifs sont atteints, le village est encerclé, les marsouins en nettoient les ruines. (*Croquis* 6.) En même temps, des compagnies du 97e et

Croquis 5.

du 236e descendent les pentes du bois de la Réserve, franchissent le mur sud et repoussent en une joyeuse battue les bataillons ennemis disséminés dans le parc, qui essaient vainement de se rassembler, qui tourbillonnent dans les taillis et débouchent sur les pelouses, dans la cour d'honneur, vers le château dont un peloton de marsouins s'est déjà emparé. « Chasse ardente, fuite éperdue. Les joyeux feldgrauen de la veille jettent leurs sacs, leurs fusils, leurs équipements pour mieux courir. Tirés au vol, ils s'arrêtent. Immobiles, épouvantés, ils attendent, puis ils lèvent les mains, ils poussent des cris rauques et suppliants. Et les vainqueurs, en riant, les rangent et les comptent. Il y en a

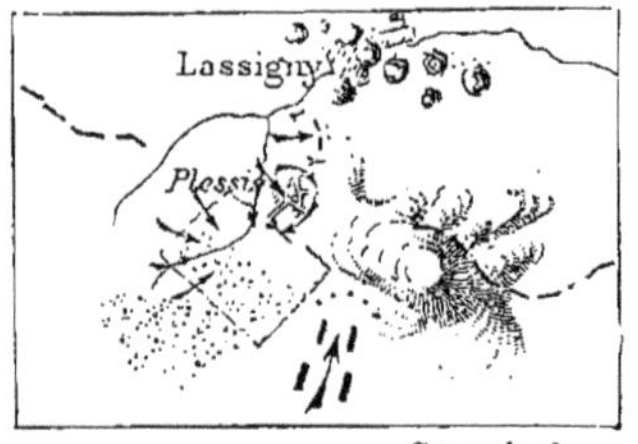

Croquis 6.

800, appartenant aux trois régiments de la 7e division de réserve et parmi eux 30 officiers ». (PLESSIS-DE-ROYE. — *H. Bordeaux.*)

L'irruption brusque d'abord sur son flanc, puis sur ses derrières, d'une faible fraction résolue, manœuvrant à toute vitesse, se lançant à l'abordage sans une hésitation, a troublé, désorienté les troupes allemandes de la 7e division de réserve, prouvant ainsi combien grande est l'influence des facteurs moraux dans la bataille.

Tardivement, à la nuit, le 56e bataillon de chasseurs qui a rassemblé difficilement ses éléments engagés sur de nombreux points, s'em-

UN COIN OU LA LUTTE FUT
PARTICULIÈREMENT VIOLENTE.
*Un cadavre allemand dans un
ancien boyau français à demi
effondré.*

pare de la Porte Rouge;
dans la nuit ses détache-
ments de reconnaissance
pénètrent dans le village
d'où les marsouins, trop
en l'air, se sont repliés.
La liaison établie, toute
la ligne est portée alors
aux lisières nord du vil-
lage. Le Plessis-de-Roye, repris et fortifié, est prêt comme autre-
fois à défendre l'Ile-de-France.

La prise du Plémont et de Plessis-de-Roye (9 juin).

Le 9 juin, au lever du jour, les Allemands attaquent en masse le
front de Lassigny à Thiescourt après un intense bombardement
par obus toxiques. Deux bataillons du 4e cuirassiers à pied tiennent
le Plémont; avant midi, ils sont encerclés de toutes parts. Dans
la matinée, en effet, l'ennemi a pris, à l'est, Thiescourt et dépassé, à
l'ouest, le parc de Plessis-de-Roye; ses colonnes se sont rejointes
aux lisières du hameau de Belval. Les cuirassiers n'en continuent
pas moins leur splendide résistance, communiquant avec l'arrière par télégraphie par le sol : « Nous n'avons plus de munitions,
mais nous tiendrons quand même », lance un des messages. « Nous
tenons encore », dit un des suivants... Après neuf heures de lutte et
14 assauts, les Allemands ont enfin raison de l'héroïque garnison.

Au sud du Plémont, sur le plateau de Saint-Claude, le 9e cuirassiers arrête pendant plus de 15 heures un corps alpin allemand.

Le *Berliner Tageblatt* reconnaît que « les régiments de cuirassiers
français se sont particulièrement distingués du 9 au 11 juin et ont
mérité aussi justement leurs lauriers que les cuirassiers de Reichs-
hoffen ».

Le 21 août suivant, le Plémont et Plessis-de-Roye sont libérés.

Descendre les pentes ouest de la butte par un sentier et un boyau qui se détachent des blockhaus, se diriger à pied sur **Plessis-de-Roye**, *prendre, à gauche des ruines de l'église, le chemin qui mène au château. Après la visite du château, revenir à l'église où attend la voiture et d'où l'on prendra le chemin vers* **Lassigny**.

PLESSIS-DE-ROYE.

—

LE CHATEAU,
FAÇADE NORD-OUEST,
EN 1917.

—

LA MÊME FAÇADE
APRÈS LA
REPRISE DU VILLAGE
(30 *mars* 1918).

—

Ci-dessous :
LE CHATEAU
EN 1917.
LA FAÇADE EST,
DU COTÉ
DU PLÉMONT.

EN 1917. — LES DOUVES DU CHATEAU DE PLESSIS-DE-ROYE, FAÇADE SUD, *aménagées par les troupes du secteur, pendant les mois de la lutte de positions.*

EN 1917. — LA FAÇADE NORD DU CHATEAU DE PLESSIS-DE-ROYE.
Les douves ; la porte d'entrée.

L'ÉGLISE
DE
PLESSIS-DE-
ROYE
EN 1917.

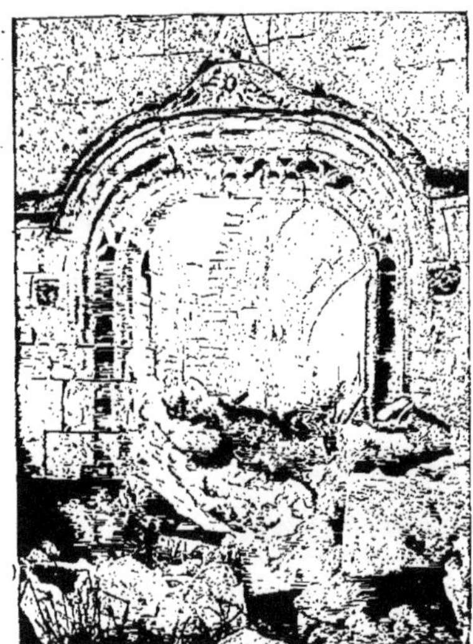

Le Portail.

Le Bénitier Renaissance.

Vues prises en 1917.

L'ÉGLISE
DE
PLESSIS-DE-
ROYE
EN
AOUT 1918.

LASSIGNY

Les troupes du général von Klück, commandant la Iʳᵉ Armée, occupèrent Lassigny le 30 août 1914. Le lendemain, l'état-major de l'armée et le général lui-même s'y arrêtaient. Très verbeux, pleins de jactance, ces officiers exposèrent leurs projets d'avenir et dévoilèrent, dès le début de la guerre, les vues et la mentalité du haut commandement allemand : « Vous êtes battus partout, déclara un officier supérieur au conseiller général du canton de Lassigny ; nous sommes les maîtres. Nous voulons anéantir la France. Il faut qu'elle disparaisse. Dans trois jours nous serons à Paris, nous nous en emparerons, nous enlèverons toutes ses richesses artistiques et commerciales, nous le pillerons, le dévasterons, il n'en restera que cendres et ruines. Paris ne doit plus exister. » Et quelques heures après, von Klück, furieux d'avoir trouvé la commune presque déserte, proféra des imprécations terribles : « Malheur, s'écria-t-il, malheur aux habitants qui ont quitté leurs maisons. Ce village sera châtié, tout sera pillé, détruit, il ne restera rien. Nous le voulons. Malheur, malheur à cette triste population ! »

Il en fut ainsi. Le lendemain, 1ᵉʳ septembre, cent quarante-quatre camions arrivent. Les hommes qui les montent, experts dans l'art d'opérer le cambriolage et les perquisitions, se répandent dans le bourg qu'ils mettent au pillage ; ils enlèvent tous les objets de quelque valeur, les emballent et les placent dans les voitures qu'ils rangent ensuite en convois après les avoir bâchées. Le 1ᵉʳ septembre étant le jour anniversaire de Sedan, tout le reste de l'après-midi se passe dans le vacarme et l'orgie ; on tue les animaux de basse-cour, on abat les fruits des arbres, on apporte sur la place des monceaux de victuailles. Pour faire cuire le repas et pour entretenir des feux de joie, on brûle les meubles non volés, les souvenirs de famille, les archives de la mairie, les minutes des notaires... Des soldats affublés d'uniformes français ou de vêtements de femmes parcourent les rues en vociférant, souillant et outrageant le drapeau français, sous le regard bienveillant des officiers allemands. (*Rapport de la Commission d'enquête.*)

Pendant la deuxième quinzaine de septembre, l'armée du général de Castelnau subit de furieux assauts sans offrir à l'ennemi l'occasion de la percée si ardemment cherchée. Le 22 septembre, la 4ᵉ brigade marocaine réussit à réoccuper Lassigny, mais elle dut l'évacuer le 25 septembre. Elle se maintint toutefois aux abords immédiats du bourg, et les Allemands ne purent l'en chasser malgré plusieurs semaines d'attaques répétées de jour et de nuit.

Les lignes allemandes contournèrent le village du sud au nord-ouest où fut édifié, sur une motte de terre dénommée Tour de Roland, un puissant ouvrage de défense. (*Croquis page* 19.)

AUX LISIÈRES NORD DE LASSIGNY.
Ancien emplacement de batteries d'artillerie allemande, en avril 1917.

APRÈS LA PRISE DE LASSIGNY EN AOUT 1918.
Cadavres allemands, le long de la voie ferrée, près de la gare, au sud du village.

Le village de Lassigny fut lui-même entièrement organisé. De nombreuses maisons furent fortifiées, et leurs caves, protégées par des revêtements en troncs d'arbres, sacs à terre ou béton, fixés sous les voûtes, servaient d'abris à munitions, de lieux de cantonnement, de postes de commandement et de secours.

Libéré le 17 mars 1917, Lassigny fut de nouveau occupé par les Allemands le 26 mars 1918.

Enfin, le village fut repris le 21 août suivant. La lutte fut particulièrement vive le long de la voie ferrée qui, au sud, contourne le village.

Plus qu'à moitié détruit dès 1917, Lassigny est aujourd'hui presque entièrement rasé.

L'église, construite aux xve et xvie siècles, à trois nefs et possédant de beaux vitraux du xvie siècle, était de grandes proportions (32 m. de longueur et 11 m. de hauteur). En 1917, elle montrait encore trois fenêtres à l'abside et une partie des murs de ses façades. Ce n'est plus maintenant qu'un chaos de pierres au milieu desquelles émergent quelques pans de murs.

LES RUINES DE L'ÉGLISE DE LASSIGNY EN AVRIL 1917.

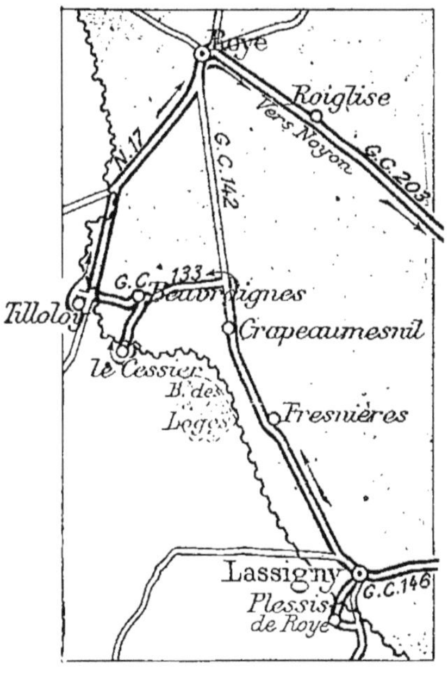

LE FRONT, D'OCTOBRE 1914 A MARS 1917.

DE **LASSIGNY** A **NOYON**
par Roye (36 km.)

A la sortie nord de Lassigny, près du tumulus de la Tour de Roland, prendre à la fourche le G. C. 142 à droite sur Roye ; traverser **Fresnières, Crapeaumesnil.** *1 km. après ce village, prendre à gauche le G. C. 133 sur* **Beuvraignes.**

De Lassigny à Roye, le front ennemi, d'octobre 1914 à mars 1917, court à l'ouest de la route (*croquis ci-contre*), englobant le village de Fresnières, longeant les lisières est du bois des Loges et, à l'ouest de Crapeaumesnil, s'infléchit vers le nord-ouest pour enfermer Beuvraignes. Fresnières, Crapeaumesnil, Beuvraignes sont solidement organisés en centres de résistance ; blockhaus, observatoires établis dans certaines maisons, caves renforcées, en font de puissants points d'appui dans cette plaine de Picardie.

Cette région, libérée de mars 1917 à mars 1918, est submergée à nouveau par l'offensive allemande de mars 1918. C'est dans ces larges plaines que les bataillons des 22e et 62e divisions, étirés sur de trop larges fronts, tentent en vain d'arrêter les vagues ennemies, sans cesse renouvelées, poussant vers Montdidier, tandis que cavaliers, cyclistes, auto-mitrailleurs des divisions de cavalerie, essaient d'aveugler les larges brèches de la ligne de défense.

Après la poussée victorieuse des armées Rawlinson et Debeney, du 8 au 12 août, l'ennemi, ramené de Montdidier sur Roye, se cramponne dans cette région, dans ses anciennes organisations ; enfin les 17, 18, 19 août, le 34e corps (Nudant) force cette résistance et chasse l'ennemi vers la Somme.

Le Bois des Loges.

En septembre et octobre 1914, des combats

FRESNIÈRES. — LES ORGANISATIONS ALLEMANDES DANS LE VILLAGE.
Caves renforcées et transformées en abri.

acharnés se livrent pour la possession de ce bois. Pendant plusieurs
jours, un seul régiment français soutint sans faillir les assauts
répétés d'une division allemande presque entière. Après trois semaines
de luttes aux alternatives diverses, les Français restent maîtres du
bois où ils capturent un drapeau. Ils s'y organisent solidement, tandis
que l'ennemi s'accroche non moins fortement à la lisière est, au bord
de la route de Lassigny à Roye (G. C. 142).

A différentes reprises, et notamment le 11 décembre 1916, les Allemands, afin de dégager cette voie importante de communication,
essaient en vain d'enlever le bois.

Ayant conquis cette région au cours de leur offensive de mars 1918,
les Allemands utilisent les anciens retranchements, transforment le
bois des Loges en un solide point d'appui, couvrant au sud-ouest
l'important centre routier de Roye.

Le 16 août, les troupes de la 165e division (Caron) encerclent du nord
au sud-ouest le bois tenu par des bataillons bavarois; il n'en faut
pas moins le conquérir pied à pied, dans une atmosphère empoisonnée
par les gaz toxiques.

AU SUD DE BEUVRAIGNES, UN CRATÈRE DE MINE.

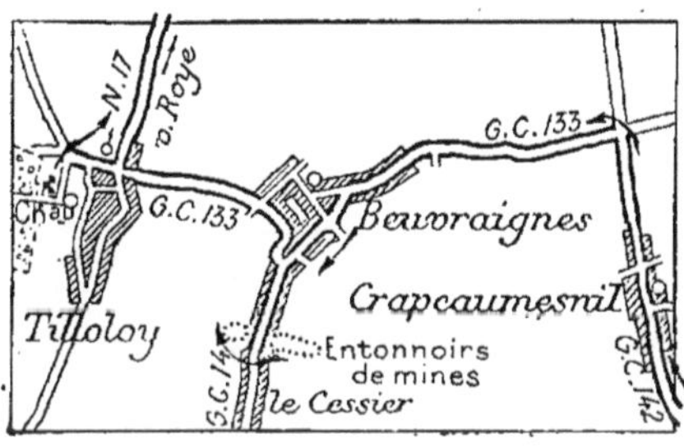

Beuvraignes.

En 1914, Beuvraignes demeure aux Allemands tandis que les Français fixent au hameau du Cessier (1.200 m. au sud-ouest de Beuvraignes) leur ligne de résistance.

En certains points, la ligne allemande forme vers la ligne française des saillants particulièrement dangereux où les tranchées adverses se rejoignent presque et où de meurtriers combats à la grenade s'engagent sans cesse.

A la fin de décembre 1916, le saillant allemand le plus prononcé est réduit par une formidable explosion. De très puissants fourneaux de mine, installés à l'extrémité de sapes profondes, patiemment creusées sans éveiller l'attention de l'ennemi, bouleversent complètement le sol et provoquent d'immenses entonnoirs, mesurant jusqu'à 200 mètres de longueur, 50 mètres de largeur et 25 mètres de profondeur.

Après avoir dépassé **Crapeaumesnil** *en ruines, prendre à gauche le G. C. 133.*

A l'entrée de Beuvraignes prendre à gauche la route sur **le Cessier, Conchy-les-Pots.** *Aux lisières sud de Beuvraignes, entonnoirs de mine.*

Revenir sur Beuvraignes, prendre à gauche vers **Tilloloy.** *Dans Tilloloy traverser la N. 17. Continuer tout droit 250 m. jusqu'aux ruines de la Chapelle et du château de Tilloloy, à gauche de la route.*

Tilloloy possédait un intéressant château du XVIIe siècle, de belle ordonnance, et surtout, dans le vaste parc aujourd'hui ravagé, une très belle église du XVIe siècle (M. H.).

En 1917, l'église, construite en brique et pierre, montrait encore sa façade principale Renaissance, très mutilée, avec son large pignon percé d'une rose flamboyante et flanqué de deux tours rondes à toit aigu et son élégant portail Renaissance.

A l'intérieur, on remarquait, avant la guerre, les hautes fenêtres de style gothique flamboyant aux belles verrières du XVIe siècle, les nervures de la voûte portant des rosaces, des culs-de-lampe, des écussons armoriés finement sculptés, des monuments funéraires du XVIe siècle: tombeaux de la famille de Soyécourt.

Revenir à la N. 17 qu'on prend vers **Roye.**

TILLOLOY. — ÉGLISE.
Façade nord-ouest en 1917.

———

LE CHATEAU.
Façade ouest en 1917.

Œuvres d'art mutilées provenant de l'église de Tilloloy et exposées au Petit-Palais, à Paris, en 1918.

ROYE. — LA PLACE D'ARMES APRÈS LE REPLI ALLEMAND DE MARS 1917.
A gauche, curieuse maison du XVe siècle. Au premier plan, entonnoir d'une mine allemande dans la rue Saint-Pierre.

ROYE

Pénétrer dans Roye par le faubourg Saint-Gilles, continuer tout droit jusqu'à la Place d'Armes. Sur cette place, prendre à gauche la rue Saint-Pierre, vers les ruines de l'église ; plus loin, à la patte-d'oie, on prendra, après la visite de Roye, le G. C. 203 qui conduit à Noyon.

Roye, grand centre routier dans la large plaine picarde, est pendant la guerre un objectif important et spécialement en 1918, pendant le flux et le reflux de l'armée allemande.

Le 26 mars, la ville est tenue par quelques éléments de la 22e division qui combat depuis le 23 mars. Le 26, au matin, les escadrons de la 5e division (de la Tour) se jettent dans Roye. Mais débordés au nord et au sud, les vaillants défenseurs abandonnent la ville en flammes et essayent d'arrêter la ruée sur les bords de l'Avre et sur la route de Roye à Montdidier.

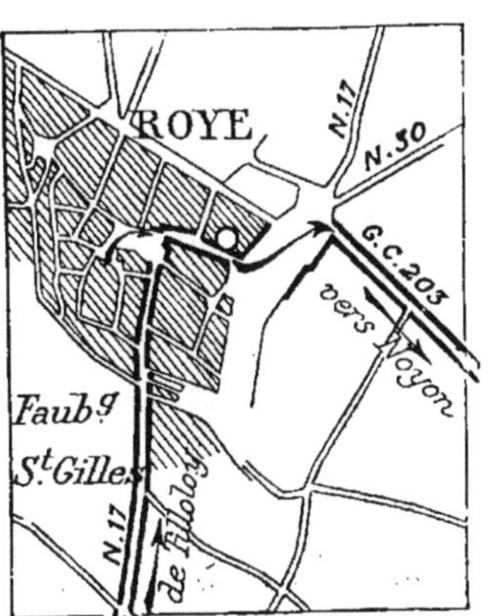

Quatre mois ont passé. D'un seul bond, du 8 au 10 août, l'armée Humbert s'est portée de l'Avre aux abords de Roye, où l'ennemi, renforcé, se cramponne.

Méthodiquement, l'étreinte du 10e corps (Vandenberg) et du 35e (Jacquet) se resserre autour de Roye,

Roye. — La Place d'Armes en août 1918.
A gauche, un haut pan de mur ruiné de la maison du XVe siècle.

Roye. — Église Saint-Pierre.

Bel édifice des XIIe et XVe siècles, aujourd'hui complètement ruiné.

Façade principale présentant un portail central du XIIe siècle, reste de l'église primitive d'époque romane, flanqué de deux autres portes de style flamboyant.

ROYE. — L'ÉGLISE SAINT-PIERRE.

LA FAÇADE OUEST EN 1917.   LA MÊME FAÇADE EN AOUT 1918.

de vifs combats s'engagent jusqu'au 20 août, puis la lutte s'apaise ; elle a repris plus violente au nord de la Somme et aux bords de l'Oise.

La double menace franco-britannique oblige l'ennemi à un large repli sur la Somme.

Roye en ruines est délivré le 27 août à 9 heures du matin.

L'INTÉRIEUR DE L'ÉGLISE SAINT-PIERRE EN 1917.
Ruines des hautes fenêtres flamboyantes qui étaient garnies de magnifiques vitraux du XVe siècle. Au fond, les orgues.

De LASSIGNY a NOYON
par Dives, Labroye.

Si l'on va de Lassigny à Noyon par le G. C. 146, on traverse les villages de Dives, Cuy, Suzoy, Labroye qui furent pendant l'occupation de 1914 à 1917 la résidence de nombreux services d'État-Major allemands et le cantonnement des unités occupant le secteur de Lassigny.

DIVES.
LA FAÇADE
DU CHATEAU
INCENDIÉ EN 1917.

A gauche :
tour, reste de l'ancien
château fort
du XIIIe siècle.

A droite :
façade de briques
et pierres
du XVIIe siècle.

DIVES EN 1919.
A gauche :
LE CHATEAU.

A droite : L'ÉGLISE.

Vue prise des marais
de la Divette,
dans le parc
totalement ravagé.

CUY.
L'Eglise dynamitée
par les
Allemands en 1916.
Son effondrement
a dévasté le cimetière
voisin.

SUZOY. — FRESQUES ALLEMANDES DANS L'ÉCOLE TRANSFORMÉE, PENDANT L'OCCUPATION,
EN CASINO POUR OFFICIERS.

*Deux monstres massifs accroupis dans leur graisse, symbolisant la force, tiennent une plume
de paon à laquelle s'accrochent des soldats caricaturés de l'Entente.*

Avant de retraiter en mars 1917, les Allemands les dévastèrent
systématiquement.

L'année suivante, ce qui avait échappé à la dévastation fut détruit
par le canon ou l'incendie.

Avis au public.

Alexandré Louis, Boulevard Carnot 15, Lavaire Jules,
rue des Boucheries 4, Merlu Louis, rue des Merciers 10,
Helle Gualvert, rue St. Eloi 8 ont été punis de prison, parce-
qui' ils n' ont pas salué les officiers alllemands en se
découvrant.

Noyon, le 30 juillet 1915.

Le commandant de la place.

Kriegsdruckerei Noyon

NOYON

Origine et grands faits historiques.

Noyon était une jolie cité riche en souvenirs de sa splendeur passée. Son origine remonte à l'époque romaine où, sous le nom de « Noviomagus », elle fut un important poste militaire sur la voie de Reims à Amiens. En 531, saint Médard, évêque de Vermand, y transféra le centre du diocèse de Vermandois. Charlemagne y fut sacré roi de Neustrie en 768 et Hugues Capet proclamé roi en 987. Durant tout le Moyen-Age, Noyon fut le type par excellence de la commune épiscopale toute peuplée de chanoines, de clercs et de procureurs. La cité, qui vit naître Calvin en 1509, souffrit au xvie siècle des guerres étrangères et des luttes civiles qui ensanglantèrent alors la France ; elle fut, en 1552, assiégée, prise et ravagée par les Espagnols, puis de 1590 à 1594, ayant embrassé le parti de la Ligue, elle fut successivement conquise par Henri IV, enlevée de nouveau par la Ligue et enfin reprise par le roi.

Ce fut ensuite, jusqu'à la Révolution, une ville heureuse, riche et animée. De cette époque, elle montrait encore, avant la guerre, de nombreuses maisons et des hôtels du xviie siècle, où habitait alors l'important chapitre de la cathédrale et où résidait la noblesse de la région. Cette grandeur disparut à la Révolution, qui supprima l'évêché, mais Noyon conserva, par la suite, un charme tout particulier dû à ses monuments et aux souvenirs qu'ils évoquaient.

Noyon pendant la guerre.

Les Allemands entrèrent à Noyon le 30 août 1914. Le jour même, ils se livrèrent à des violences, à des meurtres même. Le maire et les deux adjoints durent conduire à travers la ville une colonne ennemie à l'étrier du commandant et furent frappés à coups de bois de lance, parce qu'ils avaient peine à suivre le pas des chevaux.

Rigoureuse dès le début, l'occupation le resta jusqu'à la fin. Tous les soirs, trois notables devaient se rendre, à 4 heures, à l'Hôtel de Ville, siège de la Kommandatur, et y rester enfermés pendant 24 heures.

Les réquisitions furent continuelles, la ville dut subvenir aux frais d'entretien des troupes cantonnées sur son territoire et payer de fortes contributions en nature ou en argent (environ un million).

Les mesures vexatoires furent innombrables : défense de sortir après 8 heures du soir ; interdiction d'entretenir des lumières après 9 heures; obligation de saluer poliment les officiers. Cette dernière obligation donna lieu à de constants rappels à l'ordre et emprisonnements.

Le vol et le pillage furent permanents : maisons abandonnées complètement mises à sac ; demeures vidées de leurs objets précieux, de leurs matelas, de leur linge ; coffres-forts fracturés. A la fin de février 1917, « par ordre supérieur », les « trésors et compartiments » de la Société Générale, ainsi que les coffres des autres banques, furent ouverts à l'aide de chalumeaux, et leur contenu emporté. On a estimé à 18 millions la valeur des titres volés.

Comme partout enfin, les Allemands ruinèrent les établissements industriels et notamment les scieries et les tanneries.

En mars 1917, les Allemands avaient tendu de larges inondations en dérivant le cours de la Verse, petite rivière qui traverse Noyon, et en faisant sauter les digues, barrages et écluses du canal latéral de l'Oise.

INONDATIONS TENDUES AU NORD DE NOYON, EN MARS 1917.
Vue prise de la route de Roye. Au fond, la Cathédrale.

Au moment de la retraite, les attentats et les violences redoublèrent. Ce furent d'abord les déportations en masse : les personnes valides des deux sexes, capables de travailler, à l'exception des femmes ayant de « petits enfants », furent emmenées ; les médecins, pharmaciens et prêtres partirent les premiers comme otages, tandis que les derniers convois comprenaient une cinquantaine de jeunes filles arrachées à leurs familles. Ce furent ensuite des pillages effrénés; à peu près toutes les maisons furent cambriolées et saccagées, le mobilier ou les marchandises, chargés par des équipes militaires sur des voitures et expédiés à l'arrière. Le 16 mars, la Kommandantur interdit de sortir des maisons; les patrouilles avaient l'ordre de fusiller les « personnes attrapées dans la rue ».

Les carrefours de routes à l'entrée de Noyon, les ponts et autres ouvrages d'art furent détruits par les mines.

Le 18 mars 1917 au matin, accueillie par les clameurs enthousiastes de la population, la cavalerie française pénétra dans Noyon par le faubourg de Paris, tandis que les dernières troupes allemandes sortaient de la ville par les portes opposées.

Pendant un an, de mars 1917 à mars 1918, Noyon fut animée par la présence de nombreuses troupes alliées. Pendant plusieurs mois, l'État-Major de la 3e Armée y résida. En janvier 1918, la ville passa dans le secteur britannique.

Subitement, les Allemands apparurent de nouveau le 25 mars 1918 aux portes de Noyon.

LA RECHERCHE DES MINES, RUE DE BELFORT (MARS 1917).

Le général Pellé, commandant le 5e corps engagé au nord et à l'est de Noyon, quitte la ville le 25 au soir, après avoir donné l'ordre d'incendier les dépôts de la gare et les approvisionnements qu'on ne pouvait enlever. C'est à travers une cité complètement vide et violemment éclairée par les incendies, qu'en bon ordre, les divisions françaises gagnent leurs nouvelles positions au sud et au sud-ouest : les hauteurs du mont Renaud et de Porquéricourt. A 2 heures du matin, le 57e d'infanterie, chargé de couvrir la retraite, rétrograde à son tour en livrant de sanglants combats avec les avant-gardes ennemies dans les faubourgs. Les Allemands se jettent sur la ville abandonnée.

Ils y demeurèrent jusqu'à la fin d'août. Le 28 de ce mois, les Français réoccupèrent de haute lutte Noyon.

A 5 h. 30 du matin, le 28 août, après trente minutes d'un intense bombardement, qui entoure la ville d'un véritable rideau de feu, l'assaut est déclenché. Rapidement, à l'ouest et à l'est, malgré les fortins de mitrailleuses, les faubourgs sont pris par des zouaves. Ceux-ci parviennent vers 7 heures au quartier de cavalerie qui domine au nord Noyon et qui avait été incendié dès 1917.

Dans les ruines de la caserne se livre un combat farouche.

Landrimont, faubourg est de Noyon, au bas des pentes de la colline du mont Saint-Siméon, et les faubourgs nord sont emportés en même temps. Noyon, entièrement encerclé, est conquis.

Aussitôt, et bien qu'aucun soldat français ne soit encore entré dans la ville, un furieux bombardement s'abat sur elle. Pendant trois jours et trois nuits, les éclatements d'obus de gros calibres ou à gaz asphyxiants se succèdent sans interruption, allumant d'innombrables incendies, et bientôt des mines à retardement, semées un peu partout, commencent à exploser. Pendant près d'une semaine il fut impossible de séjourner dans Noyon.

L'antique cité a perdu presque tout ce qui rappelait son passé, ses maisons anciennes en bois et torchis, ses élégants hôtels en pierre. Elle devra être l'objet d'une reconstitution à peu près totale.

LA PLACE DE L'HOTEL DE VILLE DE NOYON, EN MARS 1917.
Visite du Président de la République à la ville délivrée.

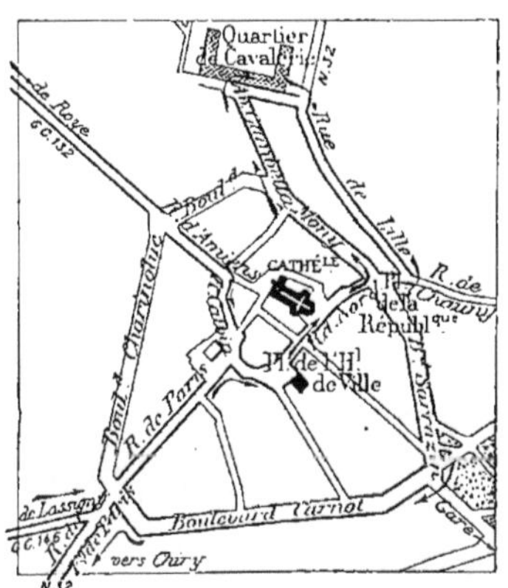

Visite de Noyon.

Suivant qu'on arrive de Roye ou de Lassigny, gagner la place de l'Hôtel de Ville par la rue d'Amiens ou la rue de Paris.

L'HOTEL DE VILLE (M. H.), dont ne subsistent plus aujourd'hui que les murs de façade calcinés et croulants, était un intéressant spécimen d'architecture civile de la fin du xve siècle. Il fut construit de 1485 à 1520, dans le style gothique, mais avec une ornementation Renaissance.

LA PLACE DE L'HOTEL DE VILLE EN 1919.

La Cathédrale de Noyon, vue de la Place de l'Hôtel de Ville.

Sur la place ruinée de l'Hôtel de Ville, une jolie fontaine avait été érigée en 1770 ; elle portait une inscription qui rappelait les grands faits historiques survenus à Noyon au cours du Moyen-Age.

De la place de l'Hôtel de Ville, on se rendra, par la rue des Merciers, à la Cathédrale Notre-Dame.

La Cathédrale de Noyon. — Le grand portail avant la guerre.

Plan p. 42

LA FAÇADE OUEST DE LA CATHÉDRALE EN 1919.

La Cathédrale.

L'incendie et le canon ont gravement endommagé le plus important des monuments historiques de Noyon: l'ancienne Cathédrale Notre-Dame. Tout le grand comble, charpentes et couvertures, a été détruit par le feu (*Photo ci-dessus*), et les maçonneries présentent de nombreuses et larges brèches. L'édifice, toutefois, a résisté dans ses œuvres vives ; les dégâts pourront être réparés.

LA FAÇADE OUEST AVANT LA GUERRE ET LA SALLE CAPITULAIRE CONTRE LA TOUR NORD.

La Cathédrale Notre-Dame est un des premiers monuments où apparaît le style gothique avec sa caractéristique essentielle : la voûte sur croisée d'ogives. Le chœur a été élevé entre 1140 et 1150. La Cathédrale est bâtie dans le style dit de transition ou gothique primitif : on observe un curieux mélange de l'arc de plein cintre et de l'arc brisé dont l'un « représente la tradition et l'autre, l'esprit nouveau ».

La façade est robuste et massive (*Photos ci-contre*).

Un porche, construit au commencement du XIIIe siècle, remanié le siècle suivant, et surmonté d'une terrasse bordée par une balustrade, en occupe toute la largeur. Il s'ouvre sur le parvis par trois arcades que séparent des contreforts et qui donnent accès aux portails

décorés de sculptures qui ont été mutilées pendant la Révolution.

Les deux tours sont de même hauteur (62 mètres), de même ordonnance générale, mais d'époques différentes. La tour sud date du milieu du XIIe siècle, la tour nord de la fin du même siècle. L'époque différente de construction se révèle à la disposition dissemblable des parties hautes et notamment des fenêtres supérieures.

Entre les deux clochers s'ouvre une grande baie surmontée d'une haute galerie de circulation, formée d'arcatures plein cintre, qui se poursuit tout autour de la tour sud. Cette galerie masque le pignon élevé, portant à son extrémité une statue de la Vierge, contre lequel s'appuyait le grand comble aujourd'hui détruit de la nef.

L'incendie de 1918 a fait disparaître les toitures pointues qui couronnaient chaque tour ainsi que le beffroi de la tour sud. La terrasse du premier étage est très dégradée, le porche nord est effondré, partout enfin des éclats d'obus ont martelé ou ébréché la façade.

Intérieurement, la Cathédrale Notre-Dame mesure près de 105 mètres de longueur, plus de 20 mètres de largeur et 23 mètres de hauteur sous voûte.

Les six travées de la nef — achevée vers 1220 — sont séparées alternativement par des piliers flanqués de colonnes engagées et par des colonnes rondes.

Comme dans les églises construites en gothique primitif, les bas côtés sont surmontés de larges et hautes tribunes ; à chaque travée, elles sont éclairées extérieurement par des fenêtres plein cintre et s'ouvrent sur la grande nef par deux arcades formées d'arcs brisés et s'inscrivant elles-mêmes dans un grand arc brisé.

Au-dessus, court un triforium étroit, sans profondeur, à arcatures de plein cintre, puis s'élèvent de larges fenêtres au tracé aigu.

Plan p. 42

L'intérieur de la Cathédrale de Noyon. — La nef et le chœur.

Les chapiteaux portent d'intéressantes sculptures ; ceux des deux dernières travées vers le transept sont à feuillage roman ; les autres, à « crochets », l'ornement typique du style gothique.

Les chapelles ont été postérieurement ajoutées aux bas côtés (remarquer celle du milieu du bas côté sud, elle est du xve siècle, en étoiles et à clefs pendantes).

De nombreux projectiles ont perforé des parties de voûtes de la nef et des bas côtés. D'autres obus ont éclaté à l'intérieur même de la nef : ils ont gravement endommagé plusieurs piliers, détruisant les colonnettes engagées et désagrégeant les maçonneries formant le blocage intérieur de la pile ; ils ont mutilé également la sculpture de plusieurs chapiteaux. Le grand orgue, dont les tuyaux avaient été enlevés dès la première occupation allemande, a été incendié en 1918.

Le transept a été achevé vers 1170. La voûte sur croisée d'ogives repose sur quatre grosses piles avec colonnes engagées.

Au centre, s'élève un maître-autel en marbre de la fin du xviiie siècle. Il est porté par six anges en bronze doré et surmonté d'un dôme où est placée une statue de la Vierge. Le maître-autel est intact.

Les deux bras du transept comprennent deux travées droites qui, suivant une particularité commune à certaines églises romanes et notamment à celles de la région rhénane, se terminent en hémicycle.

Les deux croisillons présentent une élévation, un triforium aux arcades plein cintre, puis deux rangées superposées de fenêtres, les premières de style gothique, les secondes de style roman.

Près du croisillon nord se trouve la salle du Trésor éclairée par une rose du xiie siècle aujourd'hui détruite.

Le chœur est la partie la plus ancienne de la Cathédrale, terminée en 1153.

Trois travées droites précèdent le **chevet en hémicycle.**

Au-dessus des arcades s'ouvrent de vastes tribunes, éclairées par de larges baies, puis un triforium étroit et aveugle et enfin de hautes fenêtres, les unes, aux travées droites, en plein cintre, les autres, à l'hémicycle, en arcs brisés.

Tout autour du déambulatoire sont disposées neuf chapelles, quatre rectangulaires et cinq rayonnantes à l'abside.

Des obus ont effondré en plusieurs endroits des parties de voûte du chœur.

L'ancienne Cathédrale de Noyon a conservé certaines de ses dépendances canoniales qui s'élèvent sur le côté nord. Ce sont :

1° La salle capitulaire, bâtie contre la tour nord de la Cathédrale

NOYON. — LE CLOITRE DE LA CATHÉDRALE. TOMBES ALLEMANDES.

(*voir page* 44). Elle est du XIIIe siècle et remarquable par ses belles proportions et ses lignes harmonieuses. Deux nefs de cinq travées sont séparées par des colonnes rondes qui supportent des voûtes sur croisées d'ogives.

A part quelques brèches dans les murs, la salle capitulaire n'a pas souffert dans son gros œuvre.

2° Des parties de l'ancien cloître et notamment la galerie ouest voûtée d'ogives et décorée de belles arcades, du milieu du XIIIe siècle.

Les obus ont endommagé ces restes.

3° La bibliothèque ou librairie des Chanoines, curieuse construction en pans de bois d'époque Louis XII (1507), qui renfermait dix mille volumes, notamment d'intéressants manuscrits anciens, volés ou saccagés par les Allemands.

Du côté sud de la Cathédrale, s'élevait avant la guerre, aux numéros

Les dix mille volumes qu'elle renfermait dont plusieurs manuscrits précieux ont été volés par les Allemands pendant leur occupation.

8 et 10 de la rue de l'Évêché, l'ancien palais épiscopal, édifice du XVIᵉ siècle, style Renaissance.

De la Cathédrale, par la rue du Nord, les boulevards Mouy et Gambetta, on pourra se rendre au Quartier de Cavalerie.

Tout près des casernes, les Allemands avaient, pendant la première occupation, aménagé un vaste cimetière.

Des casernes, revenir à la sortie sud-ouest de la ville par la rue de Lille, la place de la République, les boulevards Sarazin et Carnot.

Sortir de la ville par la rue du Faubourg-de-Paris par la N. 32. Continuer tout droit jusqu'au **Mont Renaud.**

L'ancien Évêché détruit pendant la guerre.

—

Le Cimetière allemand, en face des casernes.

DE NOYON A TRACY-LE-VAL
par le Mont Renaud, Chiry-Ourscamp, Carlepont.

Le Mont Renaud.

Cette éminence de terrain, sur laquelle s'élevait au Moyen-Age une maison de Templiers, fut plus tard convertie en un monastère pour Chartreux par un chevalier nommé Renaud de Rouy.

La Chartreuse prit alors le nom de son fondateur et devint le « Mont Renaud ». La colline a 100 mètres d'altitude, et domine de 40 mètres la contrée environnante. Elle est devenue célèbre depuis les luttes furieuses qui s'y livrèrent en 1918.

Pendant la guerre de tranchées, le domaine du Mont Renaud servit longtemps de quartier général à une brigade de landwehr. Le château et ses dépendances n'en furent pas moins pillés et saccagés. Mobilier ancien, tapisseries, tableaux, bibliothèque... furent déménagés ; ce qui ne put être emporté fut brisé. Enfin, une sépulture, creusée dans le parc du château, fut violée ! Plusieurs cercueils furent éventrés, le plomb et le zinc arrachés, les ossements déplacés (*Voir photos p. 51*).

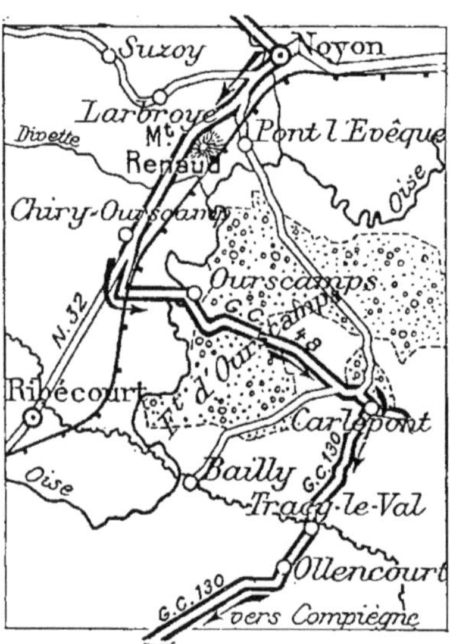

DE NOYON A TRACY-LE-VAL.

LES RUINES DU CHATEAU DU MONT RENAUD.

En 1918, dans la nuit du 25 au 26 mars, les Français sont obligés, devant les flots sans cesse grandissants de la poussée allemande, d'évacuer Noyon. Ils se retranchent au sud et à l'ouest de la ville sur une ligne où, déclare le général Humbert, ils défendent le « cœur de la France » ; ils doivent tenir coûte que coûte : « l'honneur de chaque chef y est engagé », proclame de son côté le général Pellé aux officiers du 5ᵉ corps.

Le Mont Renaud est un des principaux bastions de la ligne où doit s'arc-bouter la résistance française; le 57ᵉ régiment d'infanterie reçoit la mission d'y barrer la route de Paris.

Du 26 au 30 mars 1918, les Allemands prononcent attaques sur attaques. Le 26, dans la matinée, ils s'emparent du Mont, ils en sont

LE
CHATEAU
DU
MONT
RENAUD
EN 1917

LA CHAPELLE DU MONT RENAUD, EN RUINES.
A droite, au fond de la vallée, le village en ruines de Pont-l'Evêque.

chassés l'après-midi. Les attaques se renouvellent le 27, puis le 28, elles sont chaque fois repoussées. Une nouvelle tentative le 29 est brisée net. Le 30 enfin, l'ennemi qui fonce sur tout le front, de Noyon à Montdidier, multiplie ses efforts contre le Mont Renaud.

Sur quatre compagnies du 98e régiment allemand, régiment d'élite, lancées à l'assaut, une seule s'infiltre sur les pentes nord, jusqu'à la lisière du plateau, au prix de pertes terribles. Les trois autres sont anéanties avant même d'avoir pu déboucher de leurs lignes. Six jours après, le 5 avril, les Français reprennent possession des ruines de la ferme, au rebord nord-ouest du plateau, et rejettent complètement l'ennemi au bas des pentes.

Les positions adverses restent ensuite sensiblement les mêmes jusqu'à l'offensive du 9 juin sur Compiègne. Les Français durent alors se replier au sud de Ribécourt. Le 28 août suivant, les Impériaux, défaits et battant en retraite, abandonnaient sans combat le Mont Renaud.

Après la visite du Mont Renaud, et de retour à la voiture, continuer sur la N. 32 jusqu'à **Chiry-Ourscamp** (3 km.).

MONT RENAUD. — CERCUEILS PROFANÉS PAR L'ENNEMI.

CHIRY AVANT LA GUERRE. — L'ÉGLISE, LE CHATEAU, LA TOUR MENNECHET.

Chiry-Ourscamp comprend deux agglomérations distinctes : Chiry, sur la rive droite de l'Oise; Ourscamp, sur la rive opposée, à la lisière de la forêt du même nom.

*Continuer tout droit la N. 32, et prendre une rue à droite qui conduit au quartier où se trouvent l'*ÉGLISE *et le* CHATEAU. Cet immense château pseudo Renaissance, dit « Château Mennechet », inachevé et d'un goût baroque, porte la trace de nombreux obus.

CHIRY EN 1919. — *De la rue de Dreslincourt, vue du village et du château.*

L'ÉGLISE DE CHIRY. — *Au fond, le château.*

L'église, ancienne, mais remaniée, est également très endommagée.

Au delà du village de Chiry, au faîte de la falaise de l'Oise, se dressait, avant la guerre, une haute tour carrée couverte de sculptures, dite « Tour Mennechet », du nom de celui qui l'avait élevée. Les Allemands la détruisirent à la dynamite (*Photo p. 52*).

Après avoir visité l'église et le château de Chiry, revenir jusqu'à la N. 32 où l'on tournera à droite. Suivre la N. 32 dans la direction de Compiègne jusqu'à l'extrémité du village de Chiry, au point où se trouvent un calvaire et un cimetière militaire. A cet endroit, prendre à gauche une

CHIRY.— *L'abri du colonel allemand, commandant*   CHIRY. — *Le même abri miné par les*
le secteur de Dreslincourt.   *Allemands en août* 1918.
L'escalier conduisant aux spacieux et confortables réduits souterrains portait l'inscription :
ZUR UNTERGRUNDBAHN. RICHTUNG BERLIN-PARIS.)
(*Metropolitain. Direction Berlin-Paris*).

*petite route conduisant, à 500 mètres de là, à un passage à niveau que l'on traversera. Tourner à droite immédiatement après. On suivra alors une route provisoire, établie le long de la voie ferrée, sur 800 mètres environ, jusqu'à la rencontre avec le G. C. 48 où l'on tournera à gauche, près du pont sur le chemin de fer. On traverse ensuite le canal de l'Oise, puis la rivière sur un pont provisoire et l'on arrive à **Ourscamp**.*

Prendre à gauche, après avoir traversé le pont. On atteint la place sur laquelle s'ouvre, à droite, la grille d'honneur du château donnant accès aux célèbres ruines archéologiques de l'abbaye d'Ourscamp, englobées dans de vastes ateliers industriels.

Dans le fossé du château, à droite de cette entrée, subsiste encore un abri allemand en béton.

LA VIEILLE ABBAYE D'OURSCAMP. — LES RUINES DE L'ÉGLISE.

L'Abbaye d'Ourscamp.

L'abbaye d'Ourscamp, fondée en 1129 pour constituer un monastère cistercien, devint rapidement une des plus importantes de France. Vendue à la Révolution comme bien national, elle est devenue au XIXe siècle une grande manufacture, filature de coton et tissage mécanique de velours de coton.

Des constructions du Moyen-Age, il ne reste aujourd'hui que certaines parties de l'église et une grande salle dite Salle des Morts. Les autres bâtiments monastiques, qui dataient du XVIIe siècle, ont été incendiés ou saccagés.

De l'église de l'abbaye d'Ourscamp (*Photos ci-dessus p. 55*), subsiste, outre des vestiges de la façade, l'ossature du chœur, construit vers 1280. Ce chœur, de vastes dimensions, comprenait quatre travées droites et un rond-point à pans coupés. Il était entouré d'un double bas côté et, au chevet, d'un bas côté simple sur lequel s'ouvraient cinq

L'ÉGLISE DE L'ABBAYE D'OURSCAMP. *Vue prise de l'abside.*

chapelles rayonnantes. On en voit encore les murs extérieurs percés
de nombreuses baies et les colonnes séparatives des travées avec chapiteaux à crochets ; enfin, sur les bas côtés, les arcs doubleaux et
les arcs ogifs ont résisté aux intempéries, mais ne supportent plus
rien.

La Salle des Morts (*Voir photo p.* 56), à droite de l'église, est un
édifice de premier ordre datant des environs de 1230. Son style rap-
pelle celui de la Salle Capitulaire de Noyon. Longue de 50 mètres et
large de 20 mètres, elle est divisée en trois nefs voûtées sur croisées
d'ogives ; celle du milieu est plus large que les deux autres. Des
colonnes sveltes, avec chapiteaux ornés de crochets en forme de crosse
— l'ornement typique de la première période gothique — séparent
les travées. Deux étages de fenêtres éclairent la salle ; celles de l'étage
supérieur sont, à chaque travée, géminées et surmontées d'une rosace.

Cette salle était destinée, non, comme son nom semble l'indiquer, à
exposer les dépouilles des moines en attendant l'ensevelissement, mais
à donner asile aux malheureux atteints de la peste ou autres maladies
épidémiques si fréquentes au Moyen-Age.

Chaque lit était placé auprès d'une petite niche qui avait été ména-
gée dans le mur, pour mettre à portée de la main les objets nécessaires
aux malades. La pièce était chauffée par une cheminée dont il subsiste
des traces au pignon de la façade sud.

Si ces monuments ont été épargnés par les Allemands, il n'en est
pas de même des parties de l'abbaye d'époque Louis XIV et des bâtiments modernes de la filature, accolés aux constructions monastiques.
Tous les ateliers furent complètement saccagés à la fin de 1914, toutes
les pièces de valeur en bronze, en cuivre, démontées et emportées, les
machines elles-mêmes brisées, et afin de rendre inutilisable, par suite
d'humidité, la machinerie laissée en place, toutes les fenêtres des salles
furent enlevées.

L'USINE DE FILATURE D'OURSCAMP SACCAGÉE PAR LES ALLEMANDS.
LA SALLE DU GRAND TISSAGE.

En 1915, un obus français mit le feu à la manufacture (*Photo ci-dessus*) Les bâtiments abbatiaux affectés à l'industrie ne conservèrent que leurs murailles calcinées, les bâtiments réservés à l'habitation furent plus épargnés, mais, peu après, les Allemands les vidèrent presque complètement, enlevant tapisseries anciennes, objets d'art, meubles de valeur, etc.

En 1917, avant de partir, les Allemands détruisirent ou souillèrent ce qui avait été laissé pour le logement des officiers résidant au château : glaces brisées, fauteuils défoncés, literie déchirée, portes fracassées...

Après la visite de l'abbaye d'Ourscamp, revenir à la place où la voiture a été laissée, près de l'entrée de l'abbaye, et prendre à gauche la route de **Carlepont,** *en traversant la forêt d'Ourscamp.*

ABBAYE
D'OURSCAMP.
L'INTÉRIEUR
DE
LA SALLE
DES MORTS.

BAILLY.
UN ABRI
ALLEMAND
DANS LA FORÊT
D'OURSCAMP.

AUX ABORDS
DE CARLEPONT.
CASEMATE
BÉTONNÉE
ALLEMANDE
POUR PIÈCE
D'ARTILLERIE.

L'INTÉRIEUR
DE LA
CASEMATE
CI-DESSUS.
A droite :
COFFRE
A MUNITIONS.
A gauche :
ABRI-CAVERNE
POUR LE
PERSONNEL.

ORGANISATIONS ALLEMANDES DANS LA RÉGION DE CARLEPONT.

Carlepont.

Après la bataille de la Marne, le 15 septembre 1914, les avant-gardes de l'armée Maunoury atteignent les lisières de Carlepont. Le 16 au matin, de violents combats se livrent dans les rues. Pour se protéger contre le feu des troupes françaises, les Allemands se « font un rempart des vieillards, des femmes et des enfants » demeurés dans la commune.

Pénétrant, baïonnette au canon, dans les maisons, ils en expulsent les habitants, les obligent à marcher en tête de leur colonne et s'abritent derrière cette « muraille vivante ». Plus de 70 hommes et femmes de tout âge et même des enfants doivent ainsi traverser une grande partie du village, tandis qu'autour d'eux, sans arrêt, explosent les obus et sifflent les balles. Une petite fille de cinq ans environ « qui ne marche pas assez vite par peur des obus » reçoit un coup de baïonnette qui lui transperce la main.

Au bout d'un moment, s'apercevant, « aux épouvantables cris de frayeur des femmes et des enfants », de la traîtrise commise par l'ennemi, les Français cessent le feu, mais ils doivent se replier et abandonner les parties déjà emportées de Carlepont (1).

Le lendemain, 17 septembre, une brigade marocaine cherche à reprendre le bourg. Sa conquête aurait permis de tourner et d'enlever le vaste plateau aux rebords abrupts qui s'étend au nord de l'Aisne et où résistaient avec succès les Allemands depuis leur retraite des bords de la Marne.

Les Marocains enlèvent les premières maisons ; mais, insuffisamment soutenus par l'artillerie, ils sont bientôt arrêtés par les tirs des mitrailleuses installées dans le parc, sur les balcons et les toitures du château, qui, par sa position dominante, forme le principal point d'appui de la défense allemande.

Trois fois de suite ils s'en emparent, puis trois fois doivent rétrograder. Des corps à corps acharnés se produisent à l'intérieur de la propriété.

Finalement, complètement submergés par les forces ennemies qui affluent sans cesse de la région de Noyon, les Marocains sont contraints de lâcher pied et d'évacuer le village.

____

(1) Procès-verbaux de la Commission d'enquête.

CARLEPONT.
L'ÉGLISE EN
AVRIL 1917
ET EN
AOUT 1918.

Les Allemands aussitôt débouchent au sud de Carlepont et s'avancent jusqu'aux lisières de Bailly, de Tracy-le-Val et du bois Saint-Mard.

Carlepont est définitivement perdu. Il restera occupé jusqu'en mars 1917. Toute sa population est évacuée à l'arrière. Le village fut, pendant l'occupation, entièrement pillé et dévasté.

Le château historique de Carlepont a été complètement mis à sac. Son origine remontait au Moyen-Age ; il appartenait alors aux évêques de Noyon qui y résidaient l'été. Ce premier manoir épiscopal fut, au cours des siècles et notamment au XVIIe, reconstruit ; au siècle dernier, il avait été restauré avec soin.

La partie centrale est à moitié détruite ; les ailes sont très détériorées, partout les toitures sont ruinées. Le beau parc qui l'entourait a été bouleversé de fond en comble ; sans aucune nécessité militaire, de nombreux arbres ont été sciés à la base, notamment de magnifiques platanes qui ombrageaient les allées.

L'intérieur du château a été complètement dévalisé. Des équipes de spécialistes ont procédé à l'enlèvement des œuvres d'art. Un choix judicieux présida au déménagement de la propriété, tous les meubles et objets anciens furent emportés.

Très éprouvé déjà par les combats de septembre 1914, le village subit ensuite d'incessants bombardements pendant toute la durée

Anciennes organisations allemandes.

de la guerre de tranchées, puis de nouveau en 1918, après l'offensive allemande de printemps.

L'église, à peu près indemne en 1917, a été totalement ruinée en 1918.

Devant le château et l'église, prendre à droite; le G. C. 130 conduira, par une route jadis très pittoresque, aujourd'hui ravagée, à **Tracy-le-Val** *(3 km.).*

Un blockhaus pour mitrailleuses.

TRACY-LE-VAL. — L'ÉGLISE EN 1917.

Tracy-le-Val.

L'église de Tracy-le-Val, monument historique du plus grand inté-
rêt, a été totalement ruinée.

De style roman, elle datait du XIIe siècle. L'ensemble présentait de belles proportions et une très curieuse décoration sculptée.

La partie de beaucoup la plus remarquable était le clocher, particulièrement réputé parmi les archéologues et considéré comme un des plus précieux spécimens des clochers construits en Ile-de-France dans le type roman du XIIe siècle.

Sur une massive tour carrée accolée à l'abside, s'élevait une élégante pyramide de pierre octogonale, comprenant deux étages de baies plein-cintre séparées par des colonnes accouplées, et terminée par un toit de pierre en forme de cône tronqué.

TRACY-LE-VAL. — L'ÉGLISE AVANT LA GUERRE.

A L'EST
DE TRACY-LE-VAL.
L'entrée
de la carrière Martial
organisée
en un vaste abri
par les Allemands.

A l'intérieur
de la carrière Martial
après son évacuation
en mars 1917.

Ce petit village fut âprement disputé en 1914. Pendant deux mois, les combats au cours desquels un drapeau allemand fut enlevé, furent incessants dans l'intérieur ou aux alentours du bourg. Le 12 novembre enfin, les Français s'emparèrent du village en entier, à l'exception du cimetière au nord de la localité.

Cinq jours après, les Allemands lancèrent une furieuse contre-attaque.

Après un violent bombardement par obusiers de 210, deux bataillons enfonçant la première ligne de tranchées, firent irruption dans la partie nord de Tracy. Leur attaque brusque et massive les mena rapidement jusqu'à l'église située au carrefour central. Mais bientôt les unités algériennes, zouaves et tirailleurs, qui défendaient la position, reprirent dans un élan irrésistible tout le terrain perdu et refoulèrent les Allemands jusqu'à leur point de départ.

Le secteur se calma. Jusqu'à la retraite Hindenburg, les positions restèrent les mêmes. Les Français conservèrent les ruines du village à l'exception du cimetière que tenaient les Allemands et où passaient leurs tranchées de première ligne, formidablement aménagées.

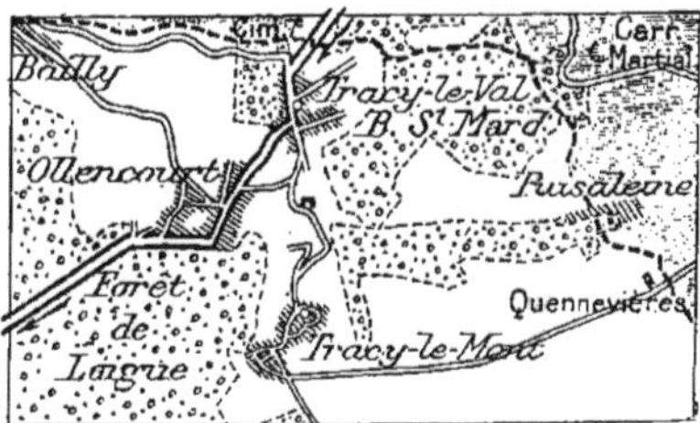

SUR LE PLATEAU AU SUD-EST DE TRACY-LE-VAL.
La ferme Quennevières, illustrée par les combats fameux de 1915 et par d'audacieux coups de mains en 1916.

Après l'offensive allemande du 9 juin 1918 sur Compiègne, les Français durent évacuer, dans les bois de Carlepont et d'Ourscamp, les positions qu'ils avaient réussi à conserver après la chute de Noyon, en mars, et qui, désormais, se trouvaient exposées à des attaques de flanc par l'ouest. Ils se replièrent sur l'ancienne ligne de défense, tenue de 1914 à 1917, Bailly-Tracy-le-Val, d'où les Allemands ne purent les déloger malgré plusieurs tentatives acharnées.

100 mètres après l'église, prendre à droite le G. C. sur **Ollencourt** *puis* **Compiègne** *par la forêt de Laigue et Choisy-au-Bac.*

DANS LA FORÊT DE LAIGUE. — CANTONNEMENTS EN 1916.

INDEX ALPHABÉTIQUE

VISITER COMPIÈGNE AVEC LE *Guide illustré :*

Compiègne avant et pendant la Guerre.

CHATEAU DE COMPIÈGNE. — SALLE DE RÉCEPTION DES DAMES D'HONNEUR.

IMP. KAPP, PARIS

La Roue Michelin

se démonte toujours facilement
quand on veut la changer
et ne se démonte jamais toute seule,
quand on roule.

———

A ces qualités essentielles, elle ajoute :

la robustesse :

nul choc ne peut la briser ;

l'élégance :

vous la voyez sur les plus chic voitures ;

l'économie :

son pneu qu'elle refroidit dure plus longtemps ;

le bon marché :

elle est la moins chère.

Vous l'exigerez sur la prochaine voiture que vous achèterez.

Quant à votre voiture actuelle...

LE TOURISME EN FRANCE

OFFICE NATIONAL DU TOURISME

17, Rue de Surène, PARIS-VIII⁰

L'Office National du Tourisme, organisme officiel, a été créé par la loi du 6 avril 1910 et réorganisé en 1917.

Il coordonne les efforts des groupements et industries touristiques, les encourage dans l'exécution de leur programme, provoque toutes les initiatives administratives et législatives en vue d'améliorer le tourisme en France, favorise les relations entre les administrations publiques, les Compagnies de transports, les S. I., les Syndicats professionnels.

Il provoque la création de bureaux de renseignements en France et à l'étranger, et organise la propagande en vue de faire connaître à tous, les beautés de la France, la valeur curative de ses eaux thermales, de ses stations climatiques et balnéaires.

L'O. N. T. est l'organisme destiné à réaliser l'union sacrée et permanente de toutes les forces du Tourisme.

TOURING - CLUB DE FRANCE

65, Avenue de la Grande-Armée, PARIS - XVI⁰

Le Touring-Club de France (fondé en 1890) est aujourd'hui la plus grande association de tourisme. Son but est de faire connaître la France aux Français et aux Étrangers et de chercher à développer le Tourisme sous toutes ses formes.

Tout membre (cotisation annuelle de 6 francs pour les Français et de 10 francs pour les étrangers) reçoit gratuitement une carte d'identité et le service régulier de la revue mensuelle. Il bénéficie des remises consenties dans un grand nombre d'hôtels affiliés, sur les guides et cartes, des annonces dans la revue pour les objets de tourisme, des renseignements, conseils sur toutes questions intéressant le tourisme.

Il a libre passage aux frontières pour sa bicyclette et motocyclette et pour son automobile, par la délivrance d'un « triptyque ».